Por

Ocasión

Fecha

Cuando
me arrodillo
en tu presencia

Anita Corrine Donihue

inspiración para la vida
CASA PROMESA
Una división de Barbour Publishing, Inc.

© 2011 por Casa Promesa

ISBN 978-1-61626-259-4

Título en inglés: *When I'm on My Knees,* © 1998 por Barbour
Publishing, Inc.

Traducción: Belmonte Traductores / www.BelmonteTraductores.com

Publicaco por Casa Promesa, P.O. Box 719, Uhrichsville, Ohio 44683
www.casapromesa.com

*Nuestra misión es publicar y distribuir productos inspiradores que ofrezcan
valor excepcional y motivación bíblica al público.*

Member of the
Evangelical Christian
Publishers Association

Impreso en Estados Unidos de América.

Gracias en especial
a mi amado esposo,
Bob,
por su amor,
apoyo e inspiración.

CONTENIDO

INTRODUCCIÓN

«Bueno, lo único que podemos hacer es orar por eso».

¡Ah, no! No puedo creer que lo haya dicho. Otra vez. ¿*Todo* lo que podemos hacer es orar? ¿Cómo soy tan corta de vista? Cuando me arrodillo, pasan cosas maravillosas. Las fuerzas celestiales se liberan cuando una persona se pone a orar. El mismo poder que resucitó al Señor Jesús de la muerte está disponible para mis necesidades.

Gracias a que cuando me postro en oración, tu Hijo intercede. En su pureza, Él te lleva cada una de mis peticiones.

Ayúdame a orar según tu voluntad. Guíame a tener la adecuada motivación cuando oro. Dame fe para expresar mis oraciones, para dedicarlas a tu poder, tu amor y tu gloria.

Recuérdame a menudo, Señor, que cuando es de acuerdo a tu voluntad, la oración puede mover montañas, detener ríos, formar estaciones y, lo mejor de todo, cambiar los corazones.

Padre, aquí están mis preocupaciones y necesidades. Te las entrego. Te doy gracias en el nombre de Jesús por las respuestas que vendrán según tu voluntad. Confío en tu sabiduría y te doy toda la alabanza.

Y Dios, que examina los corazones, sabe cuál es la intención del Espíritu, porque el Espíritu intercede por los creyentes conforme a la voluntad de Dios.

ROMANOS 8:27

PARTE 1:
ALABANZA

Jubilosos, te adoramos[1]

Jubilosos, te adoramos,
Dios de gloria y Salvador;
Nuestras vidas te entregamos
Como se abre al sol la flor.

Ahuyenta nuestros males
Y tristezas, oh Jesús;
Danos bienes celestiales,
Llénanos de gozo y luz.

Henry Van Dyke

Tributen al SEÑOR, seres celestiales,
tributen al SEÑOR la gloria y el poder.
Tributen al SEÑOR la gloria que merece su nombre;
póstrense ante el SEÑOR en su santuario majestuoso.

Salmo 29:1-2

Te alabo por tu paciencia

Padre, gracias por ser tan paciente conmigo. Estoy agradecida por todas las veces que me equivoco y tú sigues allí para ayudarme. Eres en verdad mi Padre celestial. Cuán agradecida estoy por tus tiernas misericordias, por tu compasión hacia mí cuando más te necesito. Te adoro, Señor. Cuán maravillosos son tus caminos, cuán tierna es tu gracia para perdonar.

Cuando no gasto mis recursos con sabiduría, tú sigues proveyendo para mis necesidades; cuando tropiezo, me levantas. Tú me cuidas de día y de noche.

Me proteges del camino del mal, cubriéndome con tus alas como un águila protege a sus polluelos. Los lleva en sus alas y no los deja caer. Gracias porque tú también me llevas en tus alas.

Te alabo por tu infinito amor y compasión. Muchas veces me has guardado segura del desastre. Sanas mis enfermedades. Fortaleces mi mente, alma y cuerpo. Gracias por el amor que me demuestras cada día.

Perdóname por mi imprudencia y las veces que te trato mal. ¡No comprendo por qué me amas!

Me maravilla que me conozcas tan bien. Sabes cuántos cabellos tengo en mi cabeza. Te preocupas por mis dolores de cabeza, de manos, de espalda y de pies. Cuando cae un gorrión, te preocupas. ¡Cuánto más te preocupas por mí!

Ayúdame, Padre, a pensar antes de actuar, a ser más cauta y a cuidar mejor de mí misma. Gracias por tu paciencia y amor perdonador.

Bendice, alma mía, al SEÑOR, y bendiga todo mi ser su santo nombre. Bendice, alma mía, al SEÑOR, y no olvides ninguno de sus beneficios.

Él es el que perdona todas tus iniquidades, el que sana todas tus enfermedades; el que rescata de la fosa tu vida, el que te corona de bondad y compasión; el que colma de bienes tus años, para que tu juventud se renueve como el águila.

El SEÑOR hace justicia, y juicios a favor de todos los oprimidos.

A Moisés dio a conocer sus caminos, y a los hijos de Israel sus obras.

Compasivo y clemente es el SEÑOR, lento para la ira y grande en misericordia.

No contenderá con nosotros para siempre, ni para siempre guardará su enojo.

No nos ha tratado según nuestros pecados, ni nos ha pagado conforme a nuestras iniquidades.

Porque como están de altos los cielos sobre la tierra, así es de grande su misericordia para los que le temen.

Como está de lejos el oriente del occidente, así alejó de nosotros nuestras transgresiones.

Salmo 103:1-12, LBLA

PACIENCIA

¿Hay ambición en mi corazón?
Examina, Dios de gracia, y ve;
¿O me comporto con altivez?
Señor, yo apelo a ti hoy.

Les digo a mis pensamientos: quedaos tranquilos,
A todo mi porte: sé apacible,
Contento, Padre mío, con tu voluntad,
Y en quietud como un niño.

El alma paciente, la mente humilde
Tendrán una gran recompensa:
Que los santos que sufren dolor queden quietos
Y confíen en el fiel Señor.

Isaac Watts

Gracias por la provisión

Padre, te alabo porque conoces perfectamente bien cada una de mis necesidades, incluso antes de decírtelas. A veces las conoces mejor que yo. Me amas tanto que diste a tu único Hijo para liberarme del pecado y adoptarme como tu hija. Por esto, te doy el primer lugar en mi vida y me comprometo a vivir como tú quieres que lo haga.

No solo me das todo lo que necesito, sino que también nos diste esta tierra para que vivamos en ella; tú controlas el comienzo y el final de todo lo que vive; me has dado el presente; y pones el futuro ante mí. Nada me pertenece en realidad, aunque derramas tus bendiciones sobre mí para que las disfrute.

Gracias, Señor, por ser mi Pastor. Gracias por cuidarme y protegerme como un pastor lo hace con su rebaño.

Me siento segura y sin temor porque tú me diriges cada día. Cuando tú me provees, descubro que fluye suficiente bondad para compartir con otros. ¡Qué bendición poder tenerte como mi Salvador!

Tú no cambias. Siempre puedo depender de ti. Gracias por tu fidelidad. Te alabo por cuidar de mí y de mis seres queridos de generación en generación, a medida que te amamos y obedecemos tu Palabra.

No temeré al mañana, pues tú te preocupas por eso también. Intento prepararme para el futuro, aunque vivo de día en día confiando en ti.

Alzo mi voz en alabanza a ti. Que mis pensamientos y obras te causen gran gozo. Permite que mi corazón sea puro y sin mancha ante tus ojos. Levantaré tu nombre en gozoso canto por siempre jamás.

Canten al SEÑOR un cántico nuevo;
    canten al SEÑOR, habitantes de toda la tierra.
Canten al SEÑOR, alaben su nombre;
    anuncien día tras día su victoria.
Proclamen su gloria entre las naciones,
    sus maravillas entre todos los pueblos.

¡Grande es el SEÑOR y digno de alabanza,
    más temible que todos los dioses!

Tributen al SEÑOR, pueblos todos,
    tributen al SEÑOR la gloria y el poder.
Tributen al SEÑOR la gloria que merece su nombre;
    traigan sus ofrendas y entren en sus atrios.
Póstrense ante el SEÑOR en la majestad de su santuario;
    ¡tiemble delante de él toda la tierra!

Salmo 96:1-4, 7-9

LIBERTAD DEL PECADO

Me estremezco al pensar que una vez fui esclava del pecado, Señor Jesús. Entonces tú me salvaste. Todo lo que tuve que hacer fue pedirte que entraras en mi corazón y me perdonaste cada uno de mis pecados. Cuán maravilloso es ser libre de todo ese horrible bagaje que cargaba en mi vida. Cuán maravilloso es disfrutar del compañerismo contigo. Gracias, Señor, por tu gracia salvadora.

Aunque mi vida era un desastre cuando te la entregué, tú me amaste de todas maneras. Poco a poco realizaste milagros en mí, como lo hiciste hace años con Pablo cuando estaba en la cárcel. Rompiste mis cadenas de pecado y opresión. Me guiaste a través de cada puerta en mi vida y me ayudaste a madurar en ti.

¿Cómo logras perdonar mis malas acciones? Una y otra vez me deslizo. Una y otra vez me atrapas y extirpas los pésimos pecados destructivos. Tengo dificultades para perdonarme, pero con tu poderosa mano echas mis pecados en lo más profundo del mar. Ayúdame, Señor, pues solo entonces soy libre del pecado.

Cuánto me asombra la manera en que me liberaste. Ahora soy mucho más feliz, incluso mejora mi salud. Tú me das las energías y la vida cada día, una vida más abundante que nunca.

Antes no tenía esperanza. Vivía en total confusión, sin dirección ni objetivos. Mis caminos eran como arenas movedizas, listas para engullirme en una oscuridad total.

Durante mucho tiempo me resistí a entregarte mi corazón. No quería perder el control. Sin embargo, cuando estuve dispuesta a permitir que mi voluntad se clavara en la cruz contigo, Señor, comenzaste a vivir dentro de mí. Tú eres mi Libertador y mi amoroso Amigo. Pusiste mis pies en tierra firme y ya no temo.

Gracias por la manera en que me amas y me das de ti. Cuánto te alabo, Señor, por liberarme del pecado mutilador. Estoy muy agradecida de que tu muerte no fue una causa perdida. Has salvado a muchos pecadores como yo y nos diste un gozo que no se puede medir.

Aquí en tranquila comunión busco tu dirección. Gracias por la forma en que me guías por el buen camino. Gracias por escucharme y ayudarme cada vez que invoco tu nombre. Camino en tus fuerzas. Te alabo porque me vistes con las ropas de tu salvación y pones sobre mis hombros el manto de justicia.

Me deleito en dejar de lado otras cosas, pues tú eres lo primero en mi vida. Ya no dependo de mis buenas obras, sino de tu maravillosa gracia. ¡Gracias sean dadas a ti, Dios!

Jesús se dirigió entonces a los judíos que habían creído en él, y les dijo: —Si se mantienen fieles a mis enseñanzas, serán realmente mis discípulos; y conocerán la verdad, y la verdad los hará libres.

Juan 8:31-32

El Salvador

Contemplen al Salvador de la humanidad
Clavado al vergonzoso madero;
Qué inmenso el amor que derramó
Para sangrar y morir por mí.

¡Escucha! Cómo grita, mientras
la naturaleza tiembla,
¡Y se doblan los pilares de la tierra!
El velo del templo se rompe en dos,
El sólido mármol se hace pedazos.

¡Consumado es! Ahora el precio está pagado,
¡Recibe mi alma!, grita Él;
¡Mira! ¡Cómo inclina su sagrada cabeza!
¡Inclina su cabeza y muere!

Pero pronto romperá la cadena
de hierro de la muerte,
Y brillará con toda su gloria,
¡Oh Cordero de Dios!
¿Alguna vez hubo dolor?
¿Alguna vez hubo amor como el tuyo?

Samuel Wesley, padre

Años mi alma en vanidad vivió[2]

Años mi alma en vanidad vivió,
Ignorando a quien por mí sufrió,
Oh que en el Calvario sucumbió,
El Salvador.

En la cruz su amor Dios demostró
Y de gracia al hombre revistió
Cuando por nosotros se entregó
El Salvador.

Toda mi alma a Cristo ya entregué,
Hoy le quiero y sirvo como a Rey,
Por los siglos siempre cantaré
Al Salvador.

Mi alma allí divina gracia halló;
Dios allí perdón y paz me dio;
Del pecado allí me libertó
El Salvador.

William Reed Newell

Desde lo más profundo, oh SEÑOR, he clamado a ti.

¡SEÑOR, oye mi voz! Estén atentos tus oídos a la voz de mis súplicas.

SEÑOR, si tú tuvieras en cuenta las iniquidades, ¿quién, oh Señor, podría permanecer?

Pero en ti hay perdón, para que seas temido.

Espero en el SEÑOR; en Él espera mi alma, y en su palabra tengo mi esperanza.

Salmo 130:1-5, LBLA

GRACIAS POR TU ESPÍRITU SANTO

Gracias, Padre, por tu maravilloso Espíritu Santo. Grande y maravillosa es tu presencia. Siento tu cálido amor por mí. Llenas mi corazón con alabanza a ti. Eres muy querido. Abro mi corazón a tu Espíritu Santo para que me nutra y me guíe, pues tus caminos son justos y verdaderos.

Por tu amor, Espíritu Santo, aprendo a amar más a otros. Me esfuerzo por amarlos tanto como tú me amas a mí. A través de todas nuestras imperfecciones, tu amor me ayuda a cubrir las muchas faltas de otros, así como las mías.

Espíritu Santo, lléname cada día. Prepárame a fin de que logre producir el fruto de tu Espíritu. Haz que mi copa rebose de manera que sea capaz de ser una bendición para los que me rodean.

Grande y maravillosa es tu presencia. Tus caminos son justos y verdaderos. Tu consuelo está conmigo día y noche, ahora y para siempre. ¡Cuán grandioso eres!

El fruto del Espíritu es amor, alegría, paz, paciencia, amabilidad, bondad, fidelidad, humildad y dominio propio. No hay ley que condene estas cosas.

Gálatas 5:22-23

TE ALABO POR EL FRUTO ESPIRITUAL

Amor sin medida
Desinteresado y libre.
Gozo en cada momento
Viene solo de Él.

Paz, permanente paz
Mediante tu infinito amor,
Paciencia y amabilidad
Vienen desde el cielo.

Bondad que trae grandes cambios a través
Del arrepentimiento y las lágrimas,
Fidelidad duradera
A través de los años.

Amabilidad unida a
Un fuerte dominio propio,
A ti, Espíritu Santo,
Te entrego mi corazón y mi alma.

Pero el Consolador,
el Espíritu Santo,
a quien el Padre enviará en mi nombre,
les enseñará todas las cosas
y les hará recordar todo lo que les he dicho.

Juan 14:26

CANTO AL SEÑOR

Cantaré a ti, Señor, una nueva canción. Tú me fortaleces mientras elevo mi alabanza a ti. ¡Alabado sea Dios! Debido a todo lo que has hecho, te canto alabanzas. Me encanta decirles a otros cómo me salvaste y cómo me ayudas cada día. Cuando escuchan tus maravillosas obras y ven que vives y obras en mi vida, prestan atención maravillados. Que ellos también te hagan Señor de sus vidas.

En ti soy intrépida y fuerte. Tú eres mi gozo y fortaleza. No temeré. En su lugar, te cantaré sin cesar alabanzas. Tú eres mi protector. Estás conmigo a dondequiera que voy. Gracias por tu poder y fuerza. Cuando vienen los retos, te doy gracias por darme una canción.

Las horas pasan. Pronto regresarás. Entonces te cantaré por la eternidad. ¡Alabado seas!

TE ALABO POR EL CIELO

A menudo mis pensamientos se dirigen al cielo, Señor. Cuando me rodean los problemas terrenales y las preocupaciones, anhelo estar contigo. Me siento nostálgica, como si tuviera algún recuerdo subconsciente de haber estado antes en el cielo ¿Será que he estado allí contigo antes que me formara en el vientre de mi madre? Algún día tendré la respuesta.

No me siento parte de la maldad de este mundo y es evidente que no me atrae lo que este ofrece. Todo el dinero que pudiera ganar, los tesoros que pudiera obtener, la tierra que pudiera comprar son como nada a la luz de mi morada eterna contigo. Las cosas terrenales pierden su valor. Pasan de moda, se corrompen, se desvanecen y algunas veces hasta las roban. Los tesoros eternos que guardas en el cielo contigo jamás me los pueden quitar. Así que invertiré mis escasas riquezas en ti y en tu obra. No puedo evitar amarte más que cualquier cosa que puede darme el mundo.

Aunque mi cuerpo morirá, mi alma está cada vez más cerca de ti con el paso de los días. Todas las pruebas y sufrimientos son menores y no durarán. Gracias por la morada celestial a la que iré algún día. Allí no habrá enfermedad, ni dolor, ni lágrimas. Solo me aguarda la vida eterna llena de gozo y alegría. Allí puedo estar contigo y alabarte por siempre.

Canten al SEÑOR un cántico nuevo,
  ustedes, que descienden al mar,
y todo lo que hay en él;
  canten su alabanza desde los confines de la tierra,
  ustedes, costas lejanas y sus habitantes.

Que alcen la voz el desierto y sus ciudades,
  y los poblados donde Cedar habita.
Que canten de alegría los habitantes de Selá,
  y griten desde las cimas de las montañas.

Isaías 42:10-11

Él les enjugará toda lágrima de los ojos.
Ya no habrá muerte,
ni llanto, ni lamento ni dolor,
porque las primeras cosas han dejado de existir.

Apocalipsis 21:4

BELLA ISLA

En algún lugar, el sol está brillando,
En algún lugar habita el canto de los pájaros;
Silencio, luego, a tu triste queja,
Dios vive, y todo está bien.

En algún lugar el día es largo,
En algún lugar la tarea está hecha;
En algún lugar el corazón es más fuerte,
En algún lugar se ganó la recompensa.

En algún lugar se ha quitado la carga,
Cerca de una puerta abierta;
En algún lugar se abrieron las nubes,
En algún lugar aguardan los ángeles.

En algún lugar, en algún lugar,
¡Bella isla de algún lugar!
Tierra de la verdad, donde vivimos de nuevo,
¡Bella isla de algún lugar!

Jessie B. Pounds

Gracias por nuestros antepasados

Por nuestros antepasados, gracias, Señor.
Gracias por los que dieron sus vidas,
de modo que fuéramos libres.

Gracias por los que tuvieron nuevos sueños,
escucharon tu Palabra,
trajeron avivamiento,
ganaron almas,
aprendieron de tu sabiduría
y aprobaron la lección.

Gracias por los que buscaron la paz,
y la verdad,
y la justicia
dentro de nuestra nación.

Alabado seas, Padre, por la sabiduría eterna. Llegará el día en que nosotros seremos los antepasados. Concédenos a nosotros y a nuestros líderes la misma cantidad de amor por ti, oh Dios, una urgencia para buscar tu voluntad y tus caminos, una dedicación para construir nuevos puentes para la juventud. Danos una visión aguda para que los puentes y las lecciones que encontremos pasen las pruebas del tiempo.

Oro en el nombre de Jesús.

Gracias por mi país

Señor, gracias por mi país y las libertades que tenemos. Gracias por los enormes pasos que hemos dado en la ciencia, la medicina y la tecnología. Gracias por los que con valor han contribuido toda una vida de trabajo a fin de ayudar a la humanidad.

Gracias por nuestros antepasados cristianos, por los sacrificios que hicieron para darnos lo que tenemos hoy.

Cuando miro a mi alrededor, veo que tenemos mucho. Ayúdame a asumir la responsabilidad de preservar los valores y puntos fuertes con los que comenzó nuestro país.

En medio de las batallas, los dolores y la confusión de nuestra nación, levanto a nuestros líderes (buenos y malos) ante ti en oración para que les ayudes y les guíes. Concédenos un pulso piadoso, alineado con tu voluntad y tu dirección. Danos un liderazgo cristiano. Avívanos espiritualmente. Que volvamos a ganar los valores que con tanto descuido abandonamos y que volvamos a ser de nuevo una nación bajo Dios.

Te pido que limpies nuestros pecados y sanes nuestra tierra. Líbranos de las drogas y la violencia. Ayuda a nuestro pueblo que te ama a dar un paso al frente y declarar lo que es justo. Ayuda a nuestras escuelas, nuestros maestros y nuestros niños a seguir estableciendo nuevos objetivos, a seguir teniendo nuevos sueños y a apuntar alto. Rodea con tus brazos a los queridos jóvenes de nuestra nación y enjuga sus lágrimas. Guíales hacia un futuro bueno y verdadero. Ayúdanos a avanzar como nación, a ser un ejemplo para el mundo, por tu amor y tu gracia.

Sobre todo, Señor, que haga todo lo posible por ayudar. Que el amor, la bondad y la dedicación empiecen conmigo.

En el nombre de Jesús, amén.

En ti confiaron nuestros padres;
confiaron, y tú los libraste;
a ti clamaron,
y tú los salvaste; se apoyaron en ti,
y no los defraudaste.
A un pueblo que aún no ha nacido
se le dirá que Dios hizo justicia

Salmo 22:4-5, 31

Si mi pueblo, que lleva mi nombre,
se humilla y ora,
y me busca y abandona su mala conducta,
yo lo escucharé desde el cielo,
perdonaré su pecado y restauraré su tierra.

2 Crónicas 7:14

En ti, SEÑOR, busco refugio;
jamás permitas que me avergüencen;
en tu justicia, líbrame. Inclina a mí tu oído, y acude
pronto a socorrerme. Sé tú mi roca protectora,

la fortaleza de mi salvación. Guíame, pues eres mi
roca y mi fortaleza, dirígeme por amor a tu nombre.

Salmo 31:1-3

Omnipotente Padre Dios[3]

Omnipotente Padre Dios,
Danos la fe del Salvador,
Que a nuestros padres fue sostén
En los momentos de dolor.

Danos la fe que dio poder
A los soldados de la cruz,
Que en cumplimiento del deber
Dieron su vida por Jesús.

Danos la fe que dé valor
Para enfrentarnos con el mal,
Y por palabra y por acción
Buen testimonio siempre dar.

¡Hasta la muerte, en Cristo estén
Nuestra esperanza y nuestra fe!

Frederick William Faber

El amor viene de ti

Señor, tú a menudo nos recuerdas que amemos y cuidemos primero a nuestras familias. A veces, nosotros las familias estadounidenses nos ocupamos tanto por los de fuera, que nos olvidamos de quiénes son los más importantes. Nuestras familias merecen nuestros mejores modales, nuestra mejor atención y nuestro primer amor, después del de Dios.

En cambio, a veces olvidamos nuestra consideración y amabilidad y nos maltratamos los unos a los otros. Es posible que pensemos que nuestras familias soportarán nuestras acciones porque nos aman «tal y como somos». ¿Debemos, por tanto, restarles importancia y manipular a los que amamos? ¿Proferiremos palabras hirientes para salirnos con la nuestra o para querer tener razón? Qué triste. Esto debe afligirte terriblemente, Señor. No está nada bien y es muy destructivo. Perdónanos tales acciones pecaminosas.

Ayúdanos a tratar a nuestros cónyuges, hijos y otros seres queridos con ternura y bondad, a preocuparnos y a cuidar de ellos. Ayúdanos a evitar palabras imprudentes que quizá le hieran para siempre. Que atesoremos a nuestros seres queridos y compartamos sus alegrías, preocupaciones y sueños. Que nuestro principal tiempo y esfuerzo sea con los que más queremos. Permítenos mostrarles el amor del que hablamos con tanta soltura, de modo que nuestras familias crezcan fuertes y seguras en ti.

Señor, sabemos que no podemos tener una familia fuerte y unida sin seguir tus enseñanzas. Tú conoces nuestros corazones. Permite que nuestras vidas te agraden.

SERVICIO

Señor de las cacerolas, sartenes y otras cosas,
Puesto que no tengo tiempo de ser
Una santa que haga cosas adorables,
Ni velar hasta tarde contigo,
Ni que sueñe a la luz del amanecer,
Ni que asalte las puertas del cielo,
Hazme una santa preparando la comida,
Y lavando los platos.

Aunque tenga la mano de Marta,
Tengo la mente de María;
Y cuando lustro las botas y los zapatos,
Encuentro, Señor, tus sandalias,
Pienso en cómo recorrieron la tierra,
Cada vez que restriego el suelo;
Acepta esta meditación, Señor,
No tengo tiempo para más.

Calienta toda la cocina con tu amor,
E ilumínala con tu paz,
Perdona todas mis preocupaciones,
Y haz que cese toda queja.
A ti que te encanta darme alimento,
En la casa o junto al mar,
Acepta este servicio que hago...
Porque lo hago para ti.

Anónimo

MI ALTAR PRIVADO

Señor, la lucha familiar es aplastante de nuevo. He intentado que haya paz entre los miembros de la familia otras veces, pero me encuentro atrapada en el medio. Ahora, sin embargo, he descubierto mi altar privado.

Cada vez que aparecen los sentimientos heridos, me retiro al altar y pongo delante de ti mis necesidades. Una paz se asienta en nuestro hogar. Tú intervienes donde yo no puedo y restauras el amor donde debe estar.

Una vez más me retiro del clamor y los altercados. Me deslizo en silencio por la puerta. La cierro con llave. De rodillas en mi altar, elevo mi corazón en alabanza, apremiante petición y amor. ¡Ah, sí! Ya puedo escuchar la paz y siento que tu obra ha comenzado.

Gracias, Señor, por mi altar privado. Mis rodillas presionan las baldosas del suelo con una pequeña alfombra. El aire está lleno de desinfectante. Mis codos descansan sobre la fina porcelana. Aunque mi cuarto de oración es mi baño y mi altar la bañera, en este momento es mi lugar santísimo.

Mi corazón se regocija en ti. Vuelvo a mis tareas hasta la próxima vez que venga aquí para encontrarme contigo.

Cuando oren, no sean como los hipócritas, porque a ellos les encanta orar de pie en las sinagogas y en las esquinas de las plazas para que la gente los vea. Les aseguro que ya han obtenido toda su recompensa. Pero tú, cuando te pongas a orar, entra en tu cuarto, cierra la puerta y ora a tu Padre, que está en lo secreto. Así tu Padre, que ve lo que se hace en secreto, te recompensará.

Mateo 6:5-6

ALGUIEN ORÓ POR MÍ

Hoy fue uno de esos días, Señor, en los que parece que todo sale mal. He tenido muchos momentos de ansiedad. De repente, sentí la calma. Tú fuiste capaz de darme una perspectiva que me ayudó a superarlo. ¿Acaso alguien oraba por mí?

TRES DÍAS MÁS TARDE:

Llegó una nota de una amiga. Me decía cómo estuvo pensado en mí y orando por mí en un momento dado. Cuando recordé el día y la hora, me acordé de mi crisis. Gracias, Señor, por poner la carga en el corazón de mi querida amiga cuando más necesitaba sus oraciones.

Así mismo, en nuestra debilidad el Espíritu acude a ayudarnos. No sabemos qué pedir, pero el Espíritu mismo intercede por nosotros con gemidos que no pueden expresarse con palabras. Y Dios, que examina los corazones, sabe cuál es la intención del Espíritu, porque el Espíritu intercede por los creyentes conforme a la voluntad de Dios.

Romanos 8:26-27

GRACIAS POR TU CODAZO

Otro día caótico. Mi mente va a marchas forzadas. Las responsabilidades, los horarios, las fechas topes. Las hazañas que se hacen mucho en un día normal de trabajo en este mundo. Entonces siento tu codazo. Reconozco tu voz. He sentido ese codazo muchas veces antes. Una y otra vez me das un empujoncito, como un niño que tira de la manga de su madre, para llamar mi atención.

Al final logras que te escuche. Alguien viene a mi mente. Me doy cuenta de que tengo que orar. ¡Ahora! Es posible que ni siquiera sepa el porqué. El mundo se detiene a mi alrededor. Presento una oración en silencio. Con sus poderosas alas, tu Espíritu Santo, enseguida lleva por el aire mi petición por el que necesita al Dios Todopoderoso.

A través del día, tú traes sin cesar a mi mente la necesidad de oración. Me mantengo orando.

Más tarde, cuando escucho la historia de aquel por el que oré, me maravillo de tu coordinación y tu sabiduría.

Gracias, Señor, por tu codazo.

SEÑOR, muéstrame tus caminos,
y enséñame tus sendas.
Guíame en tu verdad y enséñame,
porque tú eres el Dios de mi salvación;
en ti espero todo el día.

Salmo 25:4-5, LBLA

LA OTRA CARA DE LO NEGATIVO

Hay veces en este mundo que veo y oigo tanto de lo negativo, Padre, que me siento tentada a quedar atrapada en ello. Después pienso en ti, y me doy cuenta que no puedo cambiar a otros, tan solo a mí misma.

Gracias por ayudarme a ver lo bueno en la gente, lo mejor en las situaciones difíciles. Déjame sentir el fresco olor de la llovizna que limpia el ambiente, los callados momentos de la recuperación de una enfermedad. Gracias por enseñarme a recordar los acontecimientos buenos de la vida y ayudarme a no quedarme en los malos.

Gracias por ayudarme a ver lo bueno incluso en mí misma. Intentaré afirmarme en eso en vez de desanimarme.

Alzo mi alabanza a ti en todas las situaciones y busco tu bondad y amor.

⁂

Alégrense siempre en el Señor. Insisto: ¡Alégrense! Que su amabilidad sea evidente a todos. El Señor está cerca. No se inquieten por nada; más bien, en toda ocasión, con oración y ruego, presenten sus peticiones a Dios y denle gracias. Y la paz de Dios, que sobrepasa todo entendimiento, cuidará sus corazones y sus pensamientos en Cristo Jesús.

Por último, hermanos, consideren bien todo lo verdadero, todo lo respetable, todo lo justo, todo lo puro, todo lo amable, todo lo digno de admiración, en fin, todo lo que sea excelente o merezca elogio.

Filipenses 4:4-8

GRACIAS POR TU PALABRA

Gracias por mi Biblia, tu Palabra. Cuán querida es para mí. Cada día extraigo de ella alimento y dirección. ¡Cuán ricas son sus palabras! Cuán sanadoras y consoladoras son tus promesas en tiempos de debilidad y estrés. Tu Palabra nunca me falla. Es como un mapa para mí a fin de encontrar mi camino. La abro y me maravillo de toda su sabiduría. Gracias por proveer estas Escrituras para encontrar dirección en mi vida.

Cuán penetrantes son tus enseñanzas. Qué bendiciones recibo al leer sus palabras. Eres maravilloso por darme los secretos para tener una vida llena de gozo.

Todavía hay misterios que desentrañar mientras leo sus insondables y profundas visiones. ¿Cómo llegaré algún día a entender por completo todas las lecciones? ¿Seré alguna vez capaz de conocer del todo la mente de Dios? Eres demasiado grande para mí para que pueda hacerlo.

¿Cómo sería posible tener un corazón puro sin que tus Escrituras me lo recuerden y me guíen cada día? No tendría dirección ni esperanza.

Te busco con todo mi ser a fin de no desviarme. Memorizo y escondo tus palabras en mi corazón. Cuando vienen la tentación y las pruebas, puedo aferrarme a lo que he aprendido de lo que hizo tu Hijo Jesús cuando lo tentaron.

Te alabo, querido Señor. Enséñame tus incontables lecciones. Las repetiré con mis labios y las guardaré en mi corazón como tú me lo mostraste. Me gozaré en todo lo que aprenda. Meditaré en tu Palabra y te alabaré noche y día.

En mi corazón atesoro tus dichos
para no pecar contra ti.

¡Bendito seas, SEÑOR!
¡Enséñame tus decretos!

Con mis labios he proclamado
todos los juicios que has emitido.

Me regocijo en el camino de tus estatutos
más que en todas las riquezas.

En tus preceptos medito,
y pongo mis ojos en tus sendas.

En tus decretos hallo mi deleite,
y jamás olvidaré tu palabra.

Salmo 119:11-16

TE ALABO EN EL AMANECER

Me despierto en el silencio de la noche con el amanecer
entremezclando las sombras y la luz, silueteado aún de
una luna plateada. Salgo fuera y escucho el silencio.
¿Podría escuchar tu voz? Atraviesa una fría ráfaga de
viento. Veo un pequeño animal que salta veloz de un
arbusto a otro, sin percatarse de mi presencia. No me
había dado cuenta de que estos animales estuvieran tan
cerca. El viento susurra quedo como si dijera: «Quédate
quieta y reconoce que Dios está cerca también».

Un gallo canta a lo lejos, saludando al amanecer
incluso antes de que lo vea. Un petirrojo le hace señas

a su familia desde un árbol cercano. En tu sabiduría hiciste todo magníficamente.

Un pálido resplandor azul aparece en el cielo, primero acariciando los árboles, luego besando las flores con diminutas gotas de rocío. «Saborea este momento», siento que me dices. «Toma la fuerza que te doy para este día ocupado y estresante. Mi Espíritu irá contigo. Dedica tiempo hoy para bendecir a otros».

Ah, sí Señor, lo haré.

Otra mañana, el persistente gorjeo de la mamá petirrojo en la ventana de nuestro dormitorio me despertó. Le di un vistazo al reloj. Las cuatro y media de la mañana. ¿Cómo es posible que los pájaros se despierten tan temprano?, me pregunté.

Me di cuenta que estaba en alerta, como si una callada voz me llamara por señas a nuestro patio. Me puse mi bata, caminé de puntillas hasta la cocina y en silencio preparé una taza de té caliente. La vivificante y suave brisa acarició mis mejillas cuando abrí la puerta de cristal. Me senté en mi silla de patio favorita... solo yo, mi taza de té y lo mejor de todo, mi Señor.

«Quédate quieta y reconoce que yo soy Dios», sentí que Él me susurraba en el viento.

Sabía que pronto me enfrentaría a un sinfín de responsabilidades en los siguientes días. Ya le había pedido su ayuda. En la soledad de una capilla celestial de un patio, el Señor y yo nos contamos secretos, preocupaciones y dirección durante una hora y media. Pensé que estaría cansada. En cambio, me sentía alegre por su Espíritu.

A menudo regreso a mi lugar favorito mientras todo el mundo duerme. Allí vuelvo a obtener la fuerza y la dirección que Él siempre tiene para darme.

Escucha mis palabras, oh SEÑOR;
considera mi lamento [...]
Oh SEÑOR, de mañana oirás mi voz;
de mañana presentaré mi oración a ti,
y con ansias esperaré.

Salmo 5:1, 3, LBLA

GRACIAS POR TUS MARAVILLOSAS OBRAS

Gracias, Señor, por tus maravillosas obras y todas las cosas que haces por mí. Te alabo con todo mi corazón y mi alma. Muchísimas veces derramas tu misericordia sobre mí y perdonas mis pecados. Te inclinas y sanas mi cansado cuerpo. Tu amor, misericordia y paciencia no tienen límites. Me ayudas en la profundidad de mi desesperación y en realidad bombeas nueva vida y entusiasmo en mí.

Me maravillo de cómo despliegas como un pergamino el cielo lleno de estrellas. Los océanos parecen como si los hubieras cavado con tu poderosa mano. Incluso los vientos y las olas están bajo tu control. Te preocupas de los pájaros y animales salvajes. Cuánto te agradezco que también cuides de mí.

Tú eres mi Rey de reyes. Cuánto te amo, Señor. Te alabaré y me esforzaré por ser una bendición para ti siempre.

¡Bendeciré al Señor con toda mi alma!
¡Cuán grande eres, Señor y Dios mío!
Te has vestido de gloria y esplendor;
te has envuelto en un manto de luz.
¡Tú extendiste el cielo como un velo!
¡Tú afirmaste sobre el agua los pilares de tu casa,
allá en lo alto! Conviertes las nubes en tu carro;
¡viajas sobre las alas del viento!

Sale el hombre a su labor
y trabaja hasta la noche.
¡Cuántas cosas has hecho, Señor!
Todas las hiciste con sabiduría;
¡la tierra está llena de todo lo que has creado!

Mientras yo exista y tenga vida,
cantaré himnos al Señor mi Dios.
Quiera el Señor agradarse de mis pensamientos,
pues solo en él encuentro mi alegría.

Salmo 104:1-3; 23-24; 33-34 (DHH)

Padre, mi nariz está torcida, mi pelo es demasiado liso, mis curvas son protuberantes y, definitivamente, ¡están donde no deben! No soy demasiado inteligente, y siempre me estoy equivocando. Esto es lo que pienso de mí cuando mis pensamientos no están puestos en ti.

Tú me conoces muy bien. Ves cada uno de mis pensamientos, sin importar lo triviales que sean. Todos mis caminos tú los disciernes. Escuchas las palabras que digo antes de que salgan por mi boca. (Ayúdame a morder algunas antes de que salgan). Tú me rodeas con tu amor y tienes tu mano sobre mí en todo momento.

¿Cómo tienes un conocimiento tan magnífico y maravilloso para que yo lo alcance? Tú estás conmigo en todo lugar, a todas horas. Estás conmigo por la noche y en el comienzo de cada día. Incluso me despierto en tu presencia.

Tú creaste lo más profundo de mi ser y me moldeaste en el vientre de mi madre. Conocías el color de mi cabello y de mis ojos y la forma de mi nariz antes de que naciera, así que te doy gracias por ellos. ¿Cómo puedo dudar de mi forma de ser y de mi gracioso parecer? Te alabo, en cambio, pues hiciste tal milagro en mí y mi corazón comenzó a latir. ¿Cómo lograré comprender tus poderosas obras?

Debo de ser preciosa para ti porque me amas tal como soy. Todo esto es impresionante para mí. Examina mi corazón, querido Señor. Límpiame del mal y cámbiame según tu voluntad. Mira mis pensamientos. Comprende mis preocupaciones y tranquiliza mi ánimo.

Estoy contenta de ser como soy y te agradezco que me crearas. Quiero ser una bendición para ti, tal como soy.

Su respuesta

Hija mía, el deleite de mi corazón, tú eres un regalo para mí. Antes de que te formara en el vientre de tu madre ya te conocía bien. Conocía tus talentos y habilidades que algún día me bendecirían a mí y a otros. Eres preciosa para mí. Te amo tal y como eres. Hice un lugar en este mundo especialmente para ti. He preparado un futuro para que me sirvas.

Eres una flor en el jardín de la vida, especial para mí. Tu color y dulce fragancia son muy apreciados y valorados.

A veces te sientes temerosa, insegura de lo que haces. Recuerda, yo estoy contigo, ayudándote, guiándote en todo el camino mientras me sirves. Ahora, hija mía, extiendo mis manos y toco las tuyas, toco tus pies, tu boca, tu mente. Recibe entonces mi poder y sírveme.

Lee el Salmo 139:1-6; 13-14.

Estoy orgullosa de mis logros

Padre, estoy orgullosa de mis logros. No es el tipo de orgullo que alardea, sino el tipo que me hace sentir complacida y bien por dentro. Me he esforzado mucho en este proyecto, aunque no lo habría hecho sin ti. Gracias, Padre, por tu dirección y ayuda.

Gracias por enseñarme a establecerme metas realistas. Gracias por desafiarme a dar lo mejor de mí. Gracias por mostrarme cómo amarte primero, para después amarme a mí, así como a los demás.

Si mis logros no recibieran reconocimiento, no importaría. Me siento bien por ellos. Lo mejor de todo, sé que estás orgulloso de mí y que me amas.

Yo soy la vid y ustedes son las ramas.
El que permanece en mí, como yo en él,
dará mucho fruto; separados de mí
no pueden ustedes hacer nada.

Juan 15:5

Todo lo puedo en Cristo
que me fortalece.

Filipenses 4:13

DIJISTE QUE LO HARÍA

Algunos dijeron que no lo iba a lograr.
Algunos menearon sus cabezas dudando.
Algunos levantaron sus ojos suspirando.
«Tú nunca lo vas a lograr».

Tú dijiste que iba a hacer:
La tarea que me diste.
Trabajé desde el amanecer hasta el atardecer,
Con la ayuda que venía de ti.

Y ahora que lo terminé,
Nuevas metas me pones delante.
Estoy contenta de que te mostré honor,
Y escuché tu voz en cambio.

PARTE 2

ARREPENTIMIENTO

DÍA FELIZ[4]

Feliz el día en que escogí
Servirte, mi Señor y Dios;
Preciso es que mi gozo en ti
Lo muestre hoy por obra y voz.

¡Pasó!, mi gran deber cumplí;
De Cristo soy y mío es Él;
Me atrajo y con placer seguí;
Su voz conoce todo fiel.

Phillip Doddridge

En gran manera me gozaré en el SEÑOR, mi alma se regocijará en mi Dios; porque Él me ha vestido de ropas de salvación, me ha envuelto en manto de justicia como el novio se engalana con una corona, como la novia se adorna con sus joyas.

Isaías 61:10, LBLA

CHISME

Abrí mi boca antes de pensar. Perdóname, Señor. ¿Cómo pude decir eso a espaldas de la persona? Nunca puedo recuperar las palabras imprudentes.

Dame la fuerza para pedir perdón, para tratar de hacer bien las cosas. Ve delante de mí, querido Señor, y ayúdame a hacer enmiendas.

Comienzo a darme cuenta que los chismes llegan a lo más íntimo. Las palabras sabias reconfortan y sanan. Enséñame, Señor, a usar palabras de sabiduría y, en el futuro, ayúdame a recordar la dura lección de esta experiencia. Guarda mi lengua y sella mis labios. La Biblia me muestra que las palabras ociosas son capaces de quebrar huesos.

Que no vuelva a caer nunca en las trampas de otros que chismean. Ayúdame a edificar piedras angulares en las vidas de las personas, en vez de cincelarlos y desmoronarlos.

Llena mis pensamientos con cosas buenas y rectas. Permite que todo lo que haga o diga sea agradable a ti.

Ahora, fijo mis ojos en ti, querido Señor. Me refugio en tu fuerza y me consuelo en tu sabiduría.

CHISME

Cuando digas palabras ociosas,
Que no se pueden recuperar,
Lleva al altar de Cristo cada una de ellas,
Luego ve y no peques más.

Lee 1 Timoteo 5:13; Santiago 3:13-18.

Y el fruto de justicia se siembra en paz para aquellos que hacen la paz.

Santiago 3:18, RV-60

La discusión

Señor, lo hice de nuevo. Caí en otra discusión y hablé con dureza. ¿Por qué fui tan desconsiderada? Mi corazón se siente pesado; el altercado me viene una y otra vez a la mente. ¿Es posible que esté equivocada aunque sepa que tengo «razón»?

¿Es mi actitud de amor puro e incondicional?

Por favor, calma mis emociones. Ayúdame a hablar, a mostrar respeto y a escuchar en vez de discutir.

Cuando no esté de acuerdo, ayúdame a expresar mis sentimientos con amor, esforzándome por mantener intacta la dignidad de la otra persona. Muéstrame cómo separar lo esencial de lo trivial, y a saber dónde debería ceder. A pesar de nuestras diferencias, debo seguir aceptando al ser querido.

¿Acaso ya he perdonado setenta veces siete? Ayúdame a mostrar bondad y perdón como tú lo haces. Permíteme estar dispuesta a no guardar rencor. Enséñame a ir más allá de mí misma con consideración y gentileza durante este tiempo, recordando que el perfecto amor echa fuera el temor.

Rodéame a mí y a mi ser querido con tu presencia y cobíjanos en tu puro y dulce amor.

Linda le espetó una arenga a su esposo Don y salió como un vendaval, lo suficiente enojada como para caminar ocho kilómetros. Después de unas cuantas manzanas su paso aminoró. Su vertiginosa mente se calmó. Se sujetaba con fuerza a su suéter con los brazos doblados. ¿Sería por el aire frío de la noche o por las cortantes palabras que pronunció? ¿Acaso importaba en realidad quién tenía o no la razón? Linda pensaba en lo defensiva que se puso ante el comentario de su esposo. ¿Sería porque había algo de verdad en lo que él dijo? Dio la vuelta a otra manzana del barrio, temerosa de pedir disculpas. ¿Qué pasaría si su esposo no la escuchaba? ¿Acaso debía volver a explicar su punto de vista?

Linda recordó un versículo de la Biblia: «El amor perfecto echa fuera el temor» 1 Juan 4:18. Su conciencia la reprendía con delicadeza: «No hacen falta excusas, solo amor».

Su paso se aceleró y Linda se encaminó hacia su hogar. Cuando llegó al jardín de su casa, divisó el acogedor resplandor de las luces de la sala. Abrió en silencio la puerta y se detuvo, acogida por los brazos abiertos de Don.

—Lo siento —exclamó ella.

—Yo también.

—¿Cómo fui tan desconsiderada?

—Lo solucionaremos.

—Intentaré comprender.

El frío se fue. El calor del amor regresó.

El amor perfecto echa fuera el temor.
El que teme espera el castigo,
así que no ha sido perfeccionado en el amor.
Nosotros amamos a Dios
porque él nos amó primero.

1 Juan 4:18-19

PARTE 3:
PERDÓN

Me encontré al Maestro cara a cara

Había caminado por el sendero
de la vida con paso fácil
Había ido por donde la comodidad
y el placer te llevan;
Y entonces, un día, en un lugar tranquilo
Me encontré con el Maestro, cara a cara.

Con categoría, rango y riquezas por una meta
Pensando mucho en el cuerpo,
pero nada en el alma;
Pensaba ganar en la loca carrera de la vida.
Cuando me encontré con el Maestro, cara a cara.

Construí mis castillos y los levanté muy alto,
Hasta que sus torres atravesaron
el azul del cielo,
Había hecho votos
para gobernar con un mazo de acero,
Cuando me encontré con el Maestro,
cara a cara.

Me encontré con Él y le conocí,
y me sonrojé al ver
Que sus ojos llenos de dolor se volvían a mí;
Y vacilé, y caí a sus pies ese día,
Mientras todos mis castillos se derrumbaban.

Derruidos y esfumados, y en su lugar
No vi nada más que el rostro de mi Maestro;
Y grité bien alto: «Oh, haz que me reúna contigo
Para seguir el sendero de tus pies heridos».

Y ahora mis pensamientos
están en las almas de los hombres,
He perdido mi vida, para volver a encontrarla.
Desde ese entonces, en un lugar tranquilo
En que me encontré con el Maestro, cara a cara.

Anónimo

AYÚDAME A PERDONAR

Señor, me han herido de nuevo. No solo a mí, sino a los seres que amo. Estoy enojada por la crueldad. Sé que no hay remordimiento. Si los que me han herido tuvieran que hacerlo de nuevo, me harían lo mismo. Quisiera arremeter en su contra. Quisiera vengarme. Sé que no es así como tú quieres que reaccione. Mi enojo y mi odio pueden herir a mucha gente, a mí misma y a mi relación contigo y con los demás, Señor. Tal parece que no puedo perdonar ni cambiar mis actitudes. Por favor, ayúdame. Oro para que tú quites mi dolor y mis malas actitudes.

He hecho todo lo posible por solucionar las cosas y no he tenido éxito. Ahora busco tu dirección y tu voluntad. Sé que me dices que ame y ore por los demás, incluso por mis enemigos. Aunque sus acciones son malas, ayúdame a responder como es debido. Recuérdame que no me alegre cuando se metan en problemas, sino que ore sin cesar por ellos. Guarda mi lengua para que no hable palabras crueles. Ayúdame a tener un corazón puro y a dejar el resto en tus manos.

Debido a que me someto a ti, siento tu ayuda y tu paz en esta situación. Estoy aprendiendo a reconocer cuánto amor debes tener para perdonarme.

Por mucho que se esforzaba, Susana no podía perdonar a su hija Alyssa ni a sus amigas por lo que hicieron durante sus años rebeldes de adolescentes. Ahora, siendo una adulta, algo le impedía a Alyssa vivir una vida cristiana victoriosa. ¿Qué sería? Susana oraba por ella a menudo, pero no lograba identificar el problema.

El Señor habló al corazón de Susana. Le mostró que hasta que no perdonara, ella también estaba en pecado. Le ayudó a darse cuenta que el dolor y el enojo que sentía estaban ligados y que tenía que deshacerse de ambos a fin de perdonar de verdad. Susana le pidió a Dios que le ayudara a perdonar y a deshacerse de los recuerdos dolorosos.

La siguiente ocasión en que Alyssa fue a visitarla, el corazón de Susana estaba libre de temor, dolor y amargura. Ella y Alyssa dieron un largo paseo por el campo poco antes de que su hija regresara a su casa. Mientras caminaban, Alyssa notó algo diferente en su madre y le preguntó qué era. La madre le contó a Alyssa cómo Dios le había ayudado a cambiar. Le dijo a su hija el orgullo y el amor incondicional que sentía por ella. Un lazo de gozo y libertad que no habían experimentado desde hacía muchos años, volvió a unir las vidas de madre e hija. Ninguna de las dos puso excusas por los defectos... tan solo los «lamentos» y el perdón.

Poco después, el amor de Alyssa por el Señor maduró. Susana se sintió agradecida de que al fin era capaz de perdonar, amar y dejar de estorbar a Dios, de modo que Él pudiera obrar.

«Perdonen, y se les perdonará».

Lucas 6:37

GRACIAS POR TU PERDÓN

Padre, mi corazón clama con dolor y lamento por el pecado que he cometido. ¿Cómo sería posible perdonarme algo así? Sé que te he herido porque tú me amas mucho. Intento una y otra vez hacer lo bueno, pero me equivoco una vez tras otra. Por favor, perdóname y ayúdame a perdonarme.

En el nombre de Jesús.

LA RESPUESTA

Mi querida hija, ¿qué otras veces?
Ya limpié todo eso con mi sangre.
Perdona como yo te perdono.
Con amor, Jesús.

JESÚS: UN AMIGO DE LOS PECADORES

¡Jesús! ¡Qué amigo para los pecadores!
¡Jesús! Amante de mi alma;
Los amigos me fallan, los enemigos me atacan,
Él, mi Salvador, me sana.

¡Jesús! ¡Qué ayuda en la aflicción!
Mientras las olas me revuelcan,
Aun cuando se me rompe el corazón,
Él, mi consolador, ayuda a mi alma.

J. Wilbur Chapman

PARTE 4:
DEDICACIÓN

DEBO SER FIEL[5]

Debo ser fiel por los que en mí confían,
El alma pura siempre guardaré;
Fuerza tendré para sufrir las pruebas,
Y con valor el mal vencer podré.

Amigo fiel seré del desvalido,
Sin premio alguno hacer el bien sabré;
Como soy frágil debo ser humilde,
Y alta la frente alegre llevaré.

Debo orar, durante todo el día,
Debo estar siempre en contacto con Dios.
Debo escuchar su más débil susurro;
Y con gran fe seguir de Él en pos.

Howard Al Walter

LO MEJOR

Dios tiene lo mejor para los pocos
Que osan pasar la prueba,
Dios tiene lo secundario para los que
No van a tomar lo mejor.
Y otros toman la mejor decisión,
Pero cuando les presionan las pruebas,
Ceden, retroceden y rechazan la cruz,
Perdiendo así lo mejor.

Yo quiero en esta corta vida
Recibir presión, aunque sea mucha,
Del verdadero servicio hacia Dios y los hombres,
Ayúdame a ser lo mejor tuyo.
Quiero, entre los vencedores,
Que se confiese mi nombre,
Y oír al final decir al Maestro:
«¡Bien hecho! Hiciste lo mejor».

Anónimo

La oración de la maestra

Padre, anhelo inculcar lecciones importantes en la mente de mis alumnos que durarán toda la vida. Algunos días no estoy en mi mejor momento. Perdóname cuando fallo.

Tú me escogiste para enseñar a los niños. Pusiste a mi cargo alumnos excelentes que buscan desafíos, y alumnos problemáticos que buscan formas de salir de sus problemas. Ayúdame para que nunca les defraude.

Ayúdame a acordarme de alabar y reconocer los esfuerzos y logros de cada niño. Haz que mis actividades tengan como fin objetivos realistas. Enséñame a ser firme pero cariñosa, directa pero discreta. Ayúdame a moldear sus vidas de modo que quizá lleguen a ser sabios.

Cuando al niño calificado de imposible me desafíe, ayúdame a ser consecuente, escuchando cada necesidad y esperando solo lo mejor de lo que cada uno es capaz. Cuando haya hecho todo lo posible y todavía no logre llegar a un niño, permíteme llevarlo ante ti en oración, confiando en que tú vas a lograr las cosas que yo no puedo.

Ayúdame a recordar que yo también soy una niña, tu niña. Querido Padre, ayúdame a no olvidar nunca la manera en que tú me tratas.

Permite que todo lo que haga y diga sea agradable a ti y beneficioso para los niños que enseño. Ve delante y detrás de mí haciendo tu buena y perfecta voluntad.

Gracias, Padre, por tu dirección.

EL SECRETO

Stacy suspiró y abrió la puerta de su aula. La enseñanza se había convertido en una tarea en lugar de un gozo. ¿Qué le había pasado a su entusiasmo y creatividad? «¿Debería dejar de enseñar?», murmuró. «Dios, por favor, ayúdame».

Stacy dejó su bolso en su mesa y le hizo frente al proyecto de ciencias. Podía oír a su amiga Geraldine tarareando en el aula contigua, como de costumbre.

Geraldine siempre ha estado en el distrito escolar, *meditaba Stacy.* ¿Cómo se las arreglará para estar siempre al día?

Justo entonces, su amiga irrumpió en la habitación con una sonrisa resplandeciente.

—Hola, Stacy. ¿Cómo estás?

Stacy se recostó y dio golpecitos con el lápiz contra el texto de ciencias.

—Estoy quemada. Lo noto y creo que los niños también. Es muchísimo más difícil que antes.

Extendió sus brazos hacia los pupitres. Su voz estaba llena de frustración.

—Hay muchos más problemas de disciplina y las luchas que estos niños enfrentan me parten el corazón. Parece que no llego a ninguna parte. ¿Cómo puedes mantenerte tan positiva? —*Stacy bajó la voz hasta convertirla en un susurro*—. ¿Cuál es tu secreto?

Geraldine acercó una silla y apartó un mechón de pelo canoso que tenía sobre sus ojos.

—No hay secretos, Stacy. Yo también tengo mis días malos. A veces me siento abrumada. Entonces es cuando en verdad oro pidiendo ayuda.

Ella se rió.

—Una vez le dije al Señor que me sentía sola por completo al intentar resolver todos los problemas de estos niños. Fue ahí cuando Él habló a mi corazón y me preguntó si pensaba que le iba a dejar el mundo a alguien como yo para que lo dirigiera... ¿o qué si mejor lo hacía Él por mí?

»Ahora, no importa lo ocupada que esté, lo primero que hago es orar por cada alumno todos los días. Esa es mi fuente de fortaleza y gozo.

Pronto, Stacy cambió su perspectiva. Vio muchas oraciones contestadas y con la ayuda de Dios recuperó su gozo y entusiasmo.

LA ORACIÓN DE LA MAESTRA

Permíteme amar mucho más a un niño cada día.
Permíteme ayudar al niño
que lucha por encontrar su camino.
Permíteme detenerme para ver
sus necesidades y orar con bondad.

Entonces este día puede ser bueno,
Dentro de tu luz que nos guía,
Oro con humildad.

Sean, pues, aceptables ante ti
mis palabras y mis pensamientos,
oh SEÑOR, roca mía y redentor mío.

Salmo 19:14

El balance del presupuesto

Querido Padre, ¿cómo logro pagar estas facturas? A veces ni siquiera sé de dónde vendrá el dinero para comprar la comida. Trabajo tanto como me es posible, pero en el papel no cubro el presupuesto.

Te lo entrego, querido Señor. Pongo mi ser y estas facturas en tus manos y pido tu dirección. Muéstrame cómo puedo ayudar a otros aun mientras tengo problemas económicos. Ayúdame a compartir una porción de mi salario contigo para tu gloria. ¡Recuérdame darte siempre el primer lugar en mi chequera!

Enséñame a ser prudente a la hora de gastar, sabia al tomar mis decisiones monetarias y responsable al intentar pagar mis obligaciones.

Capacítame para confiar en que tú provees para mis necesidades de modo que no tengo que preocuparme por la comida ni la bebida, el dinero ni la ropa. Ya tú conoces mis necesidades. Gracias por la provisión.

Permite que no esté ansiosa por el mañana. Sé que tú también te encargas de eso. Aceptaré cada día como venga y lo dedicaré a ti.

Confiaré en ti, Señor, y no me apoyaré en mi propio entendimiento de estas situaciones. En su lugar, con todo mi ser, reconoceré tu voluntad para dirigir mis caminos.

Dios es el dueño de nuestro dinero,
   de nuestras casas.
Dios es el dueño de la tierra
   donde están nuestras casas, nuestros autos.
Dios es el dueño de nuestra ropa,
   de todos nuestros tesoros.

Dios quiere que ayudemos a otros,
   a nuestras iglesias.
Dios quiere que seamos confiables
   y responsables.
Dios quiere que cuidemos lo que tenemos,
   a fin de que se lo presentemos todo y confiemos en Él.

Por eso les digo: No se preocupen por su vida,
qué comerán o beberán; ni por su cuerpo, cómo se
vestirán [...] Fíjense en las aves del cielo:
no siembran ni cosechan ni almacenan en graneros;
sin embargo, el Padre celestial las alimenta.
¿No valen ustedes mucho más que ellas? [...]
Más bien, busquen primeramente el reino de Dios
y su justicia, y todas estas cosas les serán añadidas.

Mateo 6:25-26, 33

Envejecimiento

Señor, acabo de entrar a este gran cero en mi edad. Mis amigas bromean conmigo porque me estoy poniendo vieja. Dicen que se fue lo mejor de la vida. Cuando escucho esto, me río.

Me pregunto, ¿qué me tienes guardado para este nuevo año? ¿Cómo me vas a usar durante esta época de mi vida? No le temo a la vejez. La vida está allí para disfrutarla. Gracias por darme un año más para hacerlo.

No caeré en los moldes de anciana. Es posible que sea mayor, pero me niego a actuar como una vieja. La edad avanzada es una actitud. Estoy decidida a vivir la vida en abundancia con tu gozo y tu fuerza.

Veo los árboles con sus grietas y nudos. Reflejan tu glorioso anochecer, sus ramas se elevan hacia el cielo y te alaban, oh Dios. Han sobrevivido a muchas tormentas de la vida, como yo. En la calma de la noche escucho el murmullo de las ramas que susurran una canción del viento de la noche, dándote gracias por la vida.

No me avergüenzo de mis dedos llenos de dolores a causa de la artritis. Muestran la obra que he hecho por otros. Veo las arrugas que se aglomeran en mi rostro. Las llamo líneas del carácter. En especial me gustan las que aparecen allí por los años de sonrisas. No importa como sea mi salud, siempre encuentro maneras de servirte, como por ejemplo escribir cartas a los que están solos. Lo mejor de todo, puedo sostener a otros mediante la oración.

Te doy gracias, Señor, por la vida y que me la ofrezcas en abundancia de espíritu y gozo. Aun cuando me acerco a mis años del ocaso, elevo mi alabanza a ti. Permite que refleje tu Espíritu Santo todos los días de mi vida.

Fuerza y honor son su vestidura; y se ríe de lo por venir. Abre su boca con sabiduría, y la ley de clemencia está en su lengua [...]

Engañosa es la gracia, y vana la hermosura; la mujer que teme a Jehová, esa será alabada.

Proverbios 31:25-26, 30, RV-60

Sin mover los labios, Orlan inclinó su cabeza en oración. Su cabello plateado reflejaba las luces del santuario de la iglesia. Los ojos de este anciano de noventa años de edad se cerraron con fuerza, como si fuera a la guerra de nuevo. Como otras muchas veces, Orlan se enfrascó en una batalla espiritual a través de la oración. ¿La necesidad? No importa. Sin embargo, una de tantas respondidas con victoria.

La esposa de Orlan, Jessie, se sentó junto a él. Apretó su mano y se le unió en oración. El Espíritu Santo les rodeaba, quizá rondaban ángeles, regocijándose, protegiendo.

Orlan y Jessie han servido al Señor la mayor parte de sus vidas. Han construido iglesias, han enseñado en las clases de la Escuela Dominical, han orado sin cesar y han ganado almas para Él. Ahora se mueven mucho más lento

*por la artritis y porque no ven ni oyen bien. Con todo,
¡siguen haciendo cosas para el Señor!*

*Cuando les hablan de la jubilación, mueven sus cabe-
zas y dicen: «Hay muchísimo trabajo que hacer». Además
de la oración, Orlan está siempre dispuesto a ayudar donde
se necesite. Jessie escribe tarjetas y notas de aliento.
Los dos, de buena gana, tienden su mano aun cuando no
se sientan bien.*

Debemos seguir usando a la valiosísima gente mayor
de nuestras iglesias. Son nuestros pilares, nuestros legados.

Tienen mucha sabiduría y experiencia que ofrecer.
Algunos han dado sus vidas por entero a Cristo y la iglesia.
Si los apartamos a un rincón, desaparecerá su gozo en la
vida. Sin duda, Dios no ha terminado con ellos.

A medida que envejezco, oro para que se me per-
mita mantener una visión, compasión y dedicación a
fin de servir a Dios con toda mi fuerza y todo mi ser.

Gracias, Orlan y Jessie, y otros hermanos mayores
por su servicio y oraciones. Sigan fieles.

Hijo mío, escucha las correcciones de tu padre
y no abandones las enseñanzas de tu madre.
Adornarán tu cabeza como una diadema;
adornarán tu cuello como un collar.

Proverbios 1:8-9

DEDICO MI CORAZÓN A TI

Padre, te entrego mi corazón, mi alma y mi vida. Dedico todo mi ser a ti. Te entrego mis fracasos y mis éxitos, mis temores y mis aspiraciones.

Examina mi corazón. Permite que mis pensamientos y motivos sean puros. Tú me conoces a la perfección. Quita de mi vida los caminos que no sean limpios para que yo pueda ser agradable a ti.

Lléname con tu Espíritu. Capacítame para llevar a cabo las tareas que tengo delante. Guíame por tu camino eterno.

Dondequiera que vaya, y cualquiera que sea el reto, oro para que tú estés allí, guiándome por completo. Desde que me levanto en la mañana hasta que me voy a descansar en la noche, oh Señor, quédate cerca, rodéame sin cesar con tu amor.

Espero con alegre anticipación lo que has planeado para mí. Gracias por convertirte en el Señor de mi vida.

Examíname, oh Dios, y sondea mi corazón;
ponme a prueba y sondea mis pensamientos.
Fíjate si voy por mal camino,
y guíame por el camino eterno.

Salmo 139:23-24

Una de las cosas más difíciles de dedicarlo todo a Dios es renunciar al control. No sabemos lo que Él nos tiene reservado. Tenemos miedo de que sea demasiado difícil o molesto. A menudo nos preocupamos de que no seamos capaces de estar a la altura.

Debemos recordar que Dios conoce nuestro futuro, Él tiene nuestras preocupaciones y nuestros mejores intereses en su corazón. Durante el camino, quizá no entendamos el fundamento de su dirección. Cuando seguimos caminando por fe en los caminos que Él nos marca, conoceremos sus respuestas.

Da cada paso, obedece y no temas. De día en día, de momento a momento es todo lo que Él pide. Cuando vengan los problemas, mírale a Él, pon tus pies en su camino y trabaja con ahínco. ¡No dudes! Él te mostrará el mejor camino. Ya Él ha caminado por ese sendero.

PARTE 5:
AFLICCIÓN

CUANDO SEA TENTADO[6]

Cuando sea tentado,
Cristo ven a mí,
Que no ceda nunca
A la tentación,
Y con sus halagos
Yo te deje a ti,
Al abismo yendo
De la confusión.

Si la prueba enviares,
A mi vida aquí,
El dolor, la pena,
Luto y aflicción,
Haz que nunca dude
Que vendrás a mí,
Y que tú lo cambias
Todo en bendición.
Amén

James Montgomery

SE FUE MI SER QUERIDO

Amado Señor, extraño mucho a mi ser querido. Desde que murió mi amado, hay un inmenso vacío en mi vida. ¿Se llenará algún día? En todo esto, te doy gracias por los amigos y familiares que mostraron su preocupación. Dame la energía para corresponderles y para aceptar y dar amor. Quizá esto me ayude a llenar parte de mi vacío.

Consuélame y ayúdame a encontrar mi camino a través de todo esto. Permíteme recordar y apreciar los buenos momentos, para dejar ir los malos recuerdos.

¿Cómo logro sobrellevar esta pérdida? Añoro a esa persona tan llena de vida y belleza, como las rosas de mi ventana. Mis rosas se marchitarán con el frío invierno, y así, mi amado se marchitó también. Echo un vistazo a mi hermoso jardín con su espléndido abanico de colores. Recuerdo que mi ser querido, el cual te amaba, florecerá con toda su gloria para ti en el cielo.

Me consuelo en tu presencia y me aferro a la seguridad de que tú, la rosa de Sarón, siempre morarás conmigo.

¡Pienso en pisar una orilla y encontrarme en el cielo!
En tomar una mano y descubrir que es la de Dios,
En respirar un aire nuevo
  y descubrir que es aire celestial,
  En sentirme fortalecida
  y descubrir que es la inmortalidad.
En pasar de la tormenta
  y la tempestad a una inquebrantable calma,
  ¡En despertar y descubrir que estoy en casa!

Anónimo

La hierba se seca y la flor se marchita, pero la palabra de nuestro Dios permanece para siempre.

Isaías 40:8

¿Cómo se puede llenar el vacío y aliviar el dolor de perder a un ser querido o a una amiga? ¿Caminaba esa persona con el Señor? ¿O nos quedamos aquí sin respuesta? Sea como sea, la pena permanece... profunda, aguda, penetrante sin ningún solaz a la vista.

A menudo llueve en el día del funeral. Si no en el exterior, es en nuestro corazón. Qué apropiado. Concuerdan con las lágrimas que derramamos.

Sin embargo, cuando un rayo de luz atraviesa nuestra lluvia, vemos de nuevo la promesa eterna de Dios dispuesta en gloriosos colores. Cada tono nos recuerda sus muchas promesas:

Rojo, de su amor (Juan 3:16).
Naranja, su cálida sanidad y consuelo
(Mateo 5:4).
Amarillo, el sol que volverá a brillar
(Jeremías 31:13).
Verde, su ayuda para que crezcamos
(1 Pedro 2:2).
Azul, interminable fidelidad
(Salmo 56:3-4).
Índigo, somos hijos del Rey (Lucas 20:36).
Violeta, una nueva canción volverá en el tiempo
de Dios (Cantares 2:12).

Cuando nos centramos en su amor y su Palabra, a su tiempo Él llenará nuestro vacío y soledad y sanará nuestro dolor.

DEPRESIÓN

Vuelvo a pasar las noches en vela, amado Señor. Las sombras avanzan con lentitud alrededor de mi cuarto. Doy vueltas en la cama por la angustia. Cuando al fin me duermo, salto en la cama, atemorizada de que me persiga alguna cosa o alguien.

Me doy cuenta que necesito más que nunca tu ayuda. La vida es demasiado difícil para mí. Guíame a personas que me puedan ayudar. Despeja mi mente para encontrar maneras que me permitan vencer esta terrible depresión.

A veces estoy tan alterada que ni siquiera puedo orar. Sin embargo, tu Espíritu Santo conoce mi corazón. Sé que elevas mis oraciones hasta mi Padre celestial con palabras que ningún humano es capaz de expresar. Eso me consuela.

Permíteme echar todas mis cargas sobre ti, mi Señor. Debo permitir que tú las lleves por mí. Sobre todo, ayúdame a estar dispuesta a no cargarlas de nuevo.

Sé que tú velas por mí y que me ayudarás en todo esto. Pongo mi confianza en ti. No me apoyaré en mi propio entendimiento. Me propongo reconocerte en cada uno de mis caminos y a estar alerta a tu dirección. Haz que no me preocupe. Ayúdame a poner todo de mi parte para resolver cada problema según venga y a orar por cada cosa, ya sea grande o pequeña. Aquí están mis ansiedades y mis problemas. Te doy gracias por tus respuestas, dadas según tu voluntad. Tú conoces mis necesidades antes de que te las pida.

Al hacer esto, oro para que me concedas la paz del corazón más allá de mi comprensión. (La paz no es la ausencia de problemas, sino una nueva perspectiva de ti en mi vida). Guarda mi mente y mi alma contra todo lo que no es honorable para ti ni lo mejor para mi bienestar.

Por último, querido Señor, capacítame para poner mis pensamientos en ti y en las cosas positivas, verdaderas y dignas de alabanza. No importa en qué tipo de circunstancias me encuentre, permíteme contentarme con tu dirección. Ya sea bien alimentada o hambrienta, en abundancia o necesidad, en salud o enfermedad, sé que me guiarás con tu fuerza.

Gracias Señor por tu amor y tu paz. Gracias porque suplirás mis necesidades.

Te amo, en el nombre de Jesús.

¡CÓMO EN SU SANGRE PUDO HABER![7]

Mi alma atada en la prisión,
   Anhela redención y paz.
De pronto vierte sobre mí
   La luz radiante de su faz.
¡Mis cadenas cayeron y vi
   Mi libertad y te seguí!

Charles Wesley

La paz les dejo;
mi paz les doy.
Yo no se la doy a ustedes
como la da el mundo.
No se angustien ni se acobarden.

Juan 14:27

SEÑOR, LLÉVAME A CASA

En momentos como este, Señor, apenas puedo soportar todos los dolores, tragedias y pecados de este mundo. Estoy obligada a codearme con ello cada día.

Me entristece cuando mis seres queridos y amistades se alejan de ti, se deshacen los matrimonios y los desastres golpean una y otra vez. Lo que más me molesta es cuando veo a los niños sufrir abusos, enfermedades y rechazo. Señor, por favor, llévame a casa. Estoy cansada de estar aquí. Me avergüenza orar así. Sin embargo, ¡el dolor es tan fuerte! Gracias por amarme en mis momentos de mayor debilidad.

Leo en tu Palabra cuando dijiste: «No se cumpla mi voluntad, sino la tuya». Si tienes que dejarme aquí, que así sea, amado Señor, aunque anhele estar contigo. Mientras tengas un propósito para mí, te serviré con todo mi corazón. Oro para que me concedas el consuelo y la fuerza. Y, Padre, cuando termines conmigo aquí, estoy preparada para ir a casa contigo.

LLÉVAME A CASA

¿Qué es este estremecimiento en mi corazón?
Es como una paloma mensajera.
¿Cómo anhelo un lugar que nunca he visto
Y sentir su infinito amor?

Nostálgica y agotada, lucho cada día,
Un alma rota para el amor,
Pero mi roto corazón duele por unirse
En las alturas a mi Salvador.

¿Por cuánto tiempo las batallas debo pelear,
En campos bañados de lágrimas por ti?
«Hasta que tu tarea se termine aquí»,
Me responde Él con gran firmeza.

«Yo cubrí tus cicatrices con mi sangre,
Lavé tus manos y tus pies,
Llevé los pecados de tu alma,
Hasta el propiciatorio».

Cuánto amor siento en su voz,
Sus manos extendidas hacia mí.
Le serviré hasta ese momento,
En que vea su amoroso rostro.

MI HIJO NO ESTÁ BIEN

Amado Señor, ayuda a mi hijo que no es sano. ¿Por qué mi pequeño tiene que estar así? ¿Por qué un hijo tan precioso tiene estas deficiencias? A veces me culpo. Si hubiera hecho esto o aquello, ¿habría sido determinante? Me duele el corazón, anhelando que mejoren las cosas. Me gustaría comprender.

Amo muchísimo a mi hijo. Aun cuando este ser querido es discapacitado, para mí es el pequeño más maravilloso del mundo. Te doy gracias por darme un regalo tan precioso. ¿Será mi hijo un ángel disfrazado?

Dame paciencia cada día, y a la vez dame determinación y persistencia. Dame sabiduría para esperar que mi hijo dé lo mejor de sí según sus posibilidades, aunque permíteme ser realista en mis expectativas. Recuérdame alabar y acentuar los pequeños logros; ayúdame a aumentar su autoestima. Permíteme apreciar cada día los buenos momentos. Dame fuerza cuando esté débil y cansada, y un espíritu calmado cuando me sienta frustrada.

Usa este hijo, Señor, para que sea una bendición para ti y los que están cerca de él. Permíteme aprender de mis experiencias, y déjame apoyar a otros que tienen hijos que no están sanos.

Gracias, Señor, por darme a mi hijo. Recuérdame que a tus ojos este pequeñito está sano.

Jesús dijo: «Dejen que los niños vengan a mí,
y no se lo impidan,
porque el reino de los cielos
es de quienes son como ellos».

Mateo 19:14

EL HIJO CIEGO

Sé como es la cara de mi mamá,
Aunque no la pueda ver;
Es como la música de una campana
Es como las rosas que puedo oler.
Sí, así es como me parece a mí.
Sé como es la cara de mi Padre
Estoy seguro que la conozco bien;
Es como su silbido en el aire;
Es como sus brazos que me cuidan,
Y nunca me dejan caer.

Y puedo decir cómo es Dios,
El Dios a quien nadie ve,
Él es todo lo que parecen mis padres;
Es mejor que el más dulce de mis sueños,
Y todavía mayor que todo eso.

Anónimo

PARTE 6:
SANIDAD

¡CUÁN DULCE EL NOMBRE DE JESÚS![8]

¡Cuán dulce el nombre de Jesús
Es para el hombre fiel!
Consuelo, paz, vigor, salud,
Encuentra siempre en Él.

Al pecho herido fuerzas da,
Y calma el corazón;
Del alma hambrienta es cual maná,
Y alivia su aflicción.

Jesús, mi amigo y mi sostén,
¡Bendito Salvador!
Mi vida y luz, mi eterno bien,
Acepta mi loor.

John Newton

Presta oído, SEÑOR, a mi oración;
atiende a la voz de mi clamor.
En el día de mi angustia te invoco,
porque tú me respondes.

Instrúyeme, SEÑOR, en tu camino
para conducirme con fidelidad.
Dame integridad de corazón
para temer tu nombre.

Vuélvete hacia mí, y tenme compasión;
concédele tu fuerza a este siervo tuyo.
SEÑOR mi Dios, con todo el corazón te alabaré,
y por siempre glorificaré tu nombre.

Salmo 86:6-7, 11, 16, 12

RECOGE LOS PEDAZOS

Padre, estoy quebrantada. Me siento como si tuviera un vacío absoluto. No tengo nada que ofrecerte, sino pedazos de mi vida. Te pido que los recojas y los uses. Ayúdame a someterme, mientras los arreglas de una nueva manera. Comprendo que es mejor a tu manera. Tú eres el Maestro Artesano y conoces mi mismo ser. Gracias por el milagro que creaste de mi vida hecha añicos. Gracias por la manera en que estás haciendo de mí un bonito vaso nuevo para ser usado por ti.

Oro en el nombre de Jesús.

PEDAZOS REPARADOS

Melissa yacía destrozada, como un valioso jarrón roto. Parecía irreparable. Le había tocado demasiada tristeza. La rodeaban doctores, siquiatras, amistades y familiares, sin ningún provecho. Ella simplemente no podía seguir adelante y oraba para morir.

Un día, una anciana cristiana fue a verla. Con su cabeza plateada inclinada y los ojos llenos de ternura, la mujer se sentó en la cama de la muchacha. No habló mucho. Solo sostuvo el joven puño cerrado en su fuerte y torcida mano, acariciando con suavidad cada dedo. Melissa comenzó a relajarse. Las lágrimas rodaban por el rostro de la mujer mientras sentía el dolor. Se elevó una silenciosa oración. Una corriente de amor fluyó entre ambas.

Se levantó para irse, entonces colocó una pequeña caja de regalo envuelta cerca de la cama de la muchacha. «Querida, esto te ayudará».

La puerta se cerró con suavidad. Melissa tiró con cuidado de una cinta de vivos colores y abrió la caja. Dentro había un rompecabezas sin la foto para fijarse. Las piezas estaban desgastadas de tanto uso.

Melissa comenzó, con indecisión, luego con determinación, a solas con sus pensamientos. Pasaron las horas sin notarlo. Junto con el rompecabezas llegó la oración contestada de la anciana: la presencia del Señor reparando la destrozada vida de la joven.

Pieza por pieza, Dios le susurraba las instrucciones, desenredando y fortaleciendo con bondad los pedazos y fragmentos de su confusa vida. Alivió y sanó sus heridas a medida que Él y Melissa se ocupaban del corazón.

Pasaron varios días. Los dos rompecabezas, el de la vida y el del cuadro, se arreglaron a la vez. Un nuevo gozo inundó a Melissa cuando colocó la pieza que faltaba... y reveló el rostro de Cristo.

Cercano está Jehová
a los quebrantados de corazón;
y salva a los contritos de espíritu.

Salmo 34:18, RV-60

EXTENUADA

Señor, me he dejado atrapar haciendo muchas cosas. Estoy extenuada, tanto que no quiero ir a ningún lugar ni hacer nada. La amargura y el resentimiento me invaden poco a poco. Perdóname, Señor, y sáname. Durante este tiempo de debilidad, hazme esperar en ti. Renueva mi fuerza, Señor, para que yo también pueda volar como el águila. Por favor, corta un poquito mis alas para mantenerme más cerca de ti, de modo que aprenda cuáles son mis limitaciones.

Déjame poner primero tu voluntad en mi vida, no la voluntad de otros. Dame la fuerza para decir: «No, gracias», de una manera amorosa, pero firme. Ayúdame

Dame sabiduría para ajustar bien mis prioridades: Tú primero, después mi familia y luego los demás. De alguna manera muéstrame cómo dedicar tiempo para mí.

Tú eres el único Santo de mi vida. Me pregunto: ¿cómo tú, gobernando todo el universo, te preocupas de gente como yo? Te alabo, oh Señor, porque me consideras como un tesoro y me amas con un amor eterno e incondicional.

Dame tiempo para enmendar. A tu tiempo, envíame para volver a trabajar otra vez para ti. Aunque, por ahora, ayúdame a recostarme y absorber tu fuerza sanadora.

DESCANSO A SU MANERA

Cuando mi cuerpo cansado me falla,
Y mi mente se llena de tensión,
Cuando el mundo me oprime a mi alrededor,
Y no puedo soportar la vida,

Cuando he llevado las cargas,
Mucho más de lo que debería,
Grito con espíritu quebrantado:
«Señor, ¿otros ni siquiera se dan cuenta?».

En las horas más oscuras de la noche,
Te oigo decir con calma:
«Debes poner mi yugo sobre ti,
Debes descansar a mi manera».

Luego junto mis muchas preocupaciones,
Y las pongo a tus pies,
Donde dejo que tu amor me rodee,
Mientras suples cada una de mis necesidades.

Pero los que esperan en el SEÑOR renovarán sus fuerzas; se remontarán con alas como las águilas, correrán y no se cansarán, caminarán y no se fatigarán.

Isaías 40:31, LBLA

ABRAZA LA PEQUEÑA NIÑA DENTRO DE MÍ

Amado Señor, abraza la pequeña niña que hay en mí, la pequeña que maltrataron y de quien abusaron. Rodéame con tus brazos eternos. Aquieta mis silenciosos sollozos. Unge mi cabeza con tu aceite de sanidad; líbrame de las pesadillas de los recuerdos. Toca mis cicatrices con tus heridas sanadoras. Alivia cada músculo que sufrió de enojo y dolor. Sé que tú también sufriste. Vuelve a unir mi roto corazón. Tu corazón sangró y moriste por mí. En mis noches en vela, rodéame con tu presencia consoladora. Déjame descansar a la sombra tuya, el Todopoderoso. Abraza la niña en mí mientras me cubres con tus plumas como una gallina lo hace con sus polluelos. Encuentro refugio bajo tus alas. Ayúdame a enfrentar el ayer (por muy malo que fuera), a perdonar como tú me perdonas y a mirar hacia el mañana con esperanza. Tu fidelidad será mi escudo y mi defensa. No me dejes sentir el terror nocturno ni las flechas que vuelan de día. Toma mi debilidad y dame tu fuerza. Haz que mis pies sean veloces en el amanecer de cada día para servirte a ti. Sigo adelante alabándote.

Aunque, por favor, Señor, nunca dejes de abrazarme.

Desde su nacimiento, Sandra fue víctima de repetidos abusos. Nadie más lo sabía. El dolor físico y emocional se volvió casi insoportable. Dios la ayudó, le dio amigas que guiaron a Sandra a aceptar a Cristo como su Salvador. Maestros, incluso extraños, regaron la semilla de salvación mientras crecía.

Después del bachillerato, Sandra se fue de la ciudad, pero no podía librarse del dolor y el enojo. Dios la ayudó de nuevo.

Un domingo fue a una iglesia cercana. La gente la recibió con el amor que tanto necesitaba. El nuevo pastor de Sandra y su esposa pasaron horas orando y leyendo la Biblia con ella, y Sandra aprendió a entregarle el dolor y la amargura a Dios. A pesar de que sus padres no mostraban remordimiento alguno por sus actos, ella estaba aprendiendo a perdonar. Sin embargo, el dolor regresó.

Sandra se fue a un retiro de mujeres con algunas amigas. Entre conferencias, se fue a una capilla para orar y se encontró de nuevo con el Señor. Le dijo que no podía continuar con el dolor y la pena ni un minuto más. En la capilla Sandra le pidió a Dios que lo hiciera desaparecer del todo. Él le recordó que era su Padre celestial; que amaba la frágil niña que llevaba dentro. Entonces hizo algo maravilloso. Sandra sintió como que Él extendía sus brazos y la rodeaba, acunándola mientras ella sollozaba por sus malas experiencias. Sabía que Él escuchaba y puso toda su carga sobre sus hombros.

Aunque el pasado nunca sería bueno, Sandra aceptó el consuelo y la sanidad de Dios. Encontró paz. Cuando regresaban el dolor y los malos recuerdos, se los volvía a entregar al Señor, su Sanador y su Padre celestial.

Lee el Salmo 91.

PARTE 7:
PRUEBAS

La Peña fuerte[9]

La Peña fuerte, el santo Dios
Nos guarda de la tempestad;
Busquemos, pues, su protección;
Nos guarda de la tempestad.

La Peña de mi corazón
Nos guarda de la tempestad;
En cada amarga tentación
Nos guarda de la tempestad.

Vernon J. Charlesworth

«Tan seguro como que Dios pone a sus hijos en el horno de la aflicción, Él estará con ellos dentro».

Charles Spurgeon

Tú eres mi refugio;
me guardarás de la angustia;
con cánticos de liberación
me rodearás.

Salmo 32:7, RV-60

Pero el SEÑOR es mi protector,
es mi Dios y la roca
en que me refugio.

Salmo 94:22

MARAVILLOSA GRACIA[10]

De Jesús el Salvador maravillosa gracia
Insondable es cual el ancho mar.

Haldor Lillenas

Se desató entonces una fuerte tormenta, y las olas azotaban la barca, tanto que ya comenzaba a inundarse. Jesús, mientras tanto, estaba en la popa, durmiendo sobre un cabezal, así que los discípulos lo despertaron.

—¡Maestro! —gritaron—, ¿no te importa que nos ahoguemos?

Él se levantó, reprendió al viento y ordenó al mar:

—¡Silencio! ¡Cálmate!

El viento se calmó y todo quedó completamente tranquilo.

Marcos 4:37-39

CANCIÓN EN LAS TORMENTAS

Las tormentas de la vida me rodean, pero no me van a zarandear. Estoy anclada en tu firme amor. Una canción de alabanza brota de mi corazón. Alabaré y glorificaré tu nombre mientras me ayudas a salir de esta tormenta.

Solo tú conoces las respuestas y la salida. Me consuelo en tu poderosa presencia.

Me vuelvo al viento, sin temor, preparada para enfrentar cada día venidero, flanqueada con tu poder y tu sabiduría. En el punto culminante de la tormenta, cuando sienta que ya no puedo más, clamaré tu nombre por paz. Confiaré en ti y no sentiré temor, mientras anide en tus manos protectoras.

¿Cómo es posible que tengas un poder de tal magnitud, que las tempestades de mi vida cesen sus estrepitosos vientos ante tu mandato? ¿Cómo es posible que calmes mis turbulentos mares de circunstancias y emociones y pongas mi vida bajo tu control con tu poderosa y a la vez apacible voz?

Incluso ahora, oigo tu susurro: «Quédate quieta. Reconoce que yo soy tu Dios».

Cuando amaine la tormenta, mi canción de alabanza a ti hará eco a través de las edades, de una generación a otra, contando tus poderosas obras y hechos.

Gracias, amado Señor, por tu ayuda y tu paz.

Hace dos años, papá y yo hicimos un viaje a Quebec. Armados con la cámara de vídeo, refrigerios y maletas, emprendimos la salida.

Descubrimos que Quebec es un lugar atractivo y encantador, pero el poco francés que sabíamos nos dificultó poder seguir las instrucciones. Una noche teníamos una reservación en un motel a las afueras de Montreal. El tránsito de la gran ciudad y una advertencia de tormenta temprano en la tarde me preocupaban. Teníamos planeado llegar a nuestro destino a las tres de la tarde.

Mientras nos acercábamos a los alrededores de Montreal, nos topamos con una carretera principal en construcción. Habían quitado los carteles de las salidas y perdimos nuestro desvío, yendo a parar al centro de Montreal. No podía volver al sitio donde debíamos estar. El tiempo pasaba y ya eran las tres y media. Había mucho tránsito y llegó la tormenta prevista.

Yo me esforzaba por ver a través del veloz limpiaparabrisas y la tormenta más torrencial que jamás había visto. El agua que chorreaba me impedía ver más allá del capó del auto. No había sitio para pararme y aparcar. ¡Teníamos que seguir avanzando! Los camiones pasaban en ambas direcciones, bañando nuestro pequeño auto. Papá sacó su cámara para grabar la escena. Siempre le encantaron las tormentas.

«¡Eh!», gritó papá. «Puedo ver con claridad por la cámara. Es como un filtro».

Yo confiaba en papá que me dirigía con toda calma. Llegamos a un embotellamiento cerca de un túnel. Nos detuvimos y me dejé caer sobre el volante. Intentaba aparentar tranquilidad por papá, pero estaba casi llorando.

Por favor, Señor, *oré*. Llévate la tormenta y ayúdanos a encontrar el camino.

El tránsito empezó a moverse poco a poco. El himno «Maravillosa gracia» zumbaba por mi mente como un casete dando vueltas. Nos acercábamos a la salida del túnel y la cortina de agua. Comencé a asomar el auto. Al mismo tiempo, un golpe de viento movió la tormenta hacia nuestra derecha como si se hubiera abierto el Mar Rojo. Poco después, llegamos a nuestro destino.

A veces me veo luchando y perdiendo mi camino. Termino en una de las tormentas de la vida. Entonces me acuerdo de Montreal. Dios no siempre mueve o calma las tormentas, pero siempre calma mi espíritu, y me da una canción de ánimo. Igual que la cámara de vídeo de papá permitía ver a través de la lluvia, Dios se introduce en medio de mis problemas. Cuando le obedezco y leo su Palabra, Él me guía por las autopistas de la vida.

APRENDE A SOLTAR

Querido Padre, he hecho todo lo posible por ayudar. Sin embargo, veo las imprudentes decisiones de mi amado. Sé que necesito dejarlo ir, pero mi amor lo hace imposible. ¿Me estás enseñando que al soltarlo puedo incluso mostrarle un mayor amor?

Me doy cuenta de mi impotencia en resolver los problemas de otro. Así que, Señor, pongo el mío en tus manos. Sé que tú nos amas a cada uno de nosotros más de lo que nos podemos imaginar. Mi ser querido no es la excepción.

Dame la fuerza para permanecer firme ante lo que creo que está bien, pero sin dejar de amar. Cuando me duelan sus imprudentes comentarios, no permitas que me aparte, sino que solo me haga a un lado y dé algún espacio. Ayúdame a no revivir los problemas mediante la manipulación, determinación ni la condena, sino dando palabras de ánimo.

Enséñame a ser alguien que consuela, no una muleta; a preocuparme, no a controlar; a escuchar, no a exigir a mi manera; y a apreciar los buenos momentos de cada día.

No me apenaré por el pasado, sino miraré al futuro con esperanzadora expectación.

Padre, gracias por quitar mis temores y cambiarlos por tu amor puro. Protégenos con tus ángeles y guíanos con tu Espíritu, para que no caigamos en el mal ni en el daño.

Darla y Sam luchaban por criar bien a sus tres adolescentes. Aunque los padres amaban al Señor, sus esfuerzos parecían inútiles. Sus hijos se apartaban de las enseñanzas cristianas y se adentraban en una vida desastrosa.

Darla se sentía devastada. Trataba de sujetarlos, salvando las distancias (pensaba ella) entre ellos y Dios, con una mano tomando la de Dios y con la otra la de sus hijos.

Una noche después de un altercado, Darla fue dando tumbos hasta su cuarto y cayó de rodillas. Entre sollozos, derramó su quebrantado corazón ante Dios.

«No puedo permitir que mis hijos se aparten de ti, Señor». Ella golpeaba la cama con sus puños. «¿Qué más puedo hacer?»

El Espíritu de Dios ministró a Darla con su amor. Él le preguntó quién tenía el primer lugar, ¿Él o sus hijos? ¿Estaba dispuesta a ir al cielo con sus hijos o sin ellos? Le dijo a Darla que siguiera amando a sus hijos, pero que los soltara. Uno por uno, Darla fue abriendo la mano con la que atenazaba a sus hijos. Se puso de pie, sintiendo victoria y alivio. Entonces cuando al fin los soltó, se dio cuenta de que Dios estuvo ahí para tomarlos en sus brazos eternos. Ella había liberado a Dios para que obrara directamente en sus vidas. Hasta ese momento, había estado entre el Señor y ellos.

Poco después, los muchachos se fueron acercando a Él. Ahora Darla y Sam le dan gracias a Dios por su ayuda.

Y acá abajo los brazos eternos.

Deuteronomio 33:27, RV-60

PARTE 8:
LIBERACIÓN

SIEMPRE PERMANECE

Hay una paz en mi corazón
que el mundo nunca me dio,
Una paz que no me puede quitar,
Aunque las dificultades de la vida me rodeen
como una nube,
¡Tengo una paz que ha venido para quedarse!

Todo el mundo parecía
cantar de un Salvador y Rey
Cuando la paz dulcemente vino a mi corazón;
Todos los problemas se fueron y mi noche se
convirtió en día,
¡Bendito Jesús, cuán glorioso eres!

Siempre permanece, Jesús es mío;
Siempre permanece, embeleso divino;
Él nunca me deja sola,
Y me susurra con ternura:
«Nunca te dejaré». Jesús es mío.

Sra. Will L. Murphy

Dios ha dicho:
«Nunca te dejaré;
jamás te abandonaré».
Así que podemos decir con toda confianza:
«El Señor es quien me ayuda; no temeré».

Hebreos 13:5-6

NO ME GUSTA MI TRABAJO

Amado Padre, te pido que me ayudes con mi trabajo. Las cosas no van muy bien. Me cuesta mucho ir a trabajar y necesito tu dirección. Los días que crea que hago más de mi parte, haz que mis actitudes sean buenas. Te pido que me des sabiduría. Cuando haga tareas serviles, ayúdame a recordar cuando tu Hijo, a pesar de ser Rey de reyes, descendió del cielo y actuó como un siervo. No permitas que sea tan orgullosa que no quiera servir.

Ayúdame a ser sincera al estimar mis propias capacidades, a no rebajarme ni a convertirme en jactanciosa. Enséñame a apreciar un trabajo bien hecho, a experimentar una sensación interna de logro. Descanso en ti, no solo en mis habilidades. Sé que puedo ganar mi salario y vivir; o puedo darme a mí misma y ganar una vida.

Ve delante de mí cuando haya roces y chismes. Permite que mis motivos sean puros y estimulantes, dependiendo de tu ayuda, a fin de que tu luz brille a través de mí.

Hagan lo que hagan, trabajen de buena gana,
como para el Señor y no como para nadie
en este mundo, conscientes de que el Señor
los recompensará con la herencia.
Ustedes sirven a Cristo el Señor.

Colosenses 3:23-24

Los días de trabajo se alargaban hasta convertirse en una pesadez interminable para Candice. Cada vez que oía a sus compañeros de trabajo jurar a la ligera y decir chistes sucios, le atravesaba el corazón como una espada. A menudo sentía que tenía que llevar su carga y parte de la carga de quienes no hacían su trabajo. Candice siempre se había preocupado de la gente con la que trabajaba. Ahora respondía con palabras duras y una actitud crítica. Sabía que las cosas estaban desequilibradas cuando veía el dolor en sus ojos.

Una tarde, cuando Candice leía su Biblia, Colosenses 3:23-24 parecía saltar de la página y hablarle directo a ella. Se dio cuenta de que se había estado centrando en sus problemas en lugar de hacerlo en el Señor.

Un pensamiento llegó a su mente con tanta claridad que parecía casi audible: La próxima vez que alguien comience a decir palabras feas, a contar un chiste obsceno, o a no hacer su parte del trabajo, detente y de inmediato ora en silencio por esa persona. Intenta entender y amar a cada una.

Dios ama de forma incondicional. Yo también debo hacerlo, *se dio cuenta ella*. Cuando las cosas se pongan difíciles, Señor, guarda mi actitud.

Al día siguiente Candice oró por sus compañeros de trabajo. No había pasado mucho tiempo cuando observó un gran cambio. Se había creado un respeto mutuo entre los demás y ella. ¿Fueron ellos los que cambiaron o fue ella? Los problemas todavía se presentaban de vez en cuando, pero Dios seguía ayudándola mediante la oración y el amor.

DEL TEMOR A LA FE

Padre, este mundo loco y fuera de control parece ir cada vez peor. Nos presionan los problemas, el crimen, la incertidumbre y el temor por todas partes. ¿Qué me deparará mi futuro o el futuro de quienes amo y por los que oro? ¿Acaso tendrán un futuro? ¿Estoy demasiado temerosa para comprender los «qué si...»? Estoy abrumada.

Tú prometiste que nunca me dejarías ni me desampararías. Sé que sostienes mi mano cada día, guiándome con bondad a través de los buenos tiempos y los malos.

Ah Señor, nada me podrá separar de tu amor. Ni la muerte, ni la vida. Por supuesto que ni los ángeles. Incluso las potestades del infierno no podrán quitar de mí tu amor. Los temores de hoy y las preocupaciones del mañana son innecesarios a la luz de tu divino amor. Si estoy en la montaña más alta, en el aire, en el agua o en el océano más profundo, nada me va a separar de ti. Si mi ánimo vuela alto como el águila, tú estás ahí. Si desciende a los abismos más bajos de la desesperación, aun allí sabré que estás conmigo, mostrándome tu magnífico amor. Gracias por el amor que tu hijo Jesucristo demostró cuando murió por mí en la cruz hace tantos años.

Gracias por tu promesa de que harás resplandecer tu luz gloriosa sobre mí. Si me centro en ti, oh Señor, sé que tú me guiarás hacia delante. Gracias por tu bondad que brilla a través de mí, por tu escudo delante de mí y tu gloria que es una protección alrededor de mí. Gracias por guiarme con tu sabiduría y consejo, ahora y en los años venideros. Algún día, por tu gracia, te alabaré para siempre en el cielo.

Estoy lista para permitirte que cambies mi temor por fe. Pongo mi mano en las tuyas y miro hacia delante con gran expectación al futuro que preparaste para mí.

No temas la maldad de este mundo, ni envidies a los que hacen el mal y prosperan cuando tú no lo haces. Quienes no quieren confiar en mí se marchitarán como la hierba reseca y como las plantas marchitas. Los reducirán a nada.

Yo siempre cuido de ti, sin importar dónde estés ni cuán difíciles sean los momentos en que quizá te encuentres. No hay límite para mi poder cuando te ayudo.

Confía en mí y haz mi voluntad. Refréscate en mis pastos. Aprende que bajo mi cuidado estás segura. Deléitate en mí. Somete tu voluntad a la mía. ¡Yo tomaré la justicia que he puesto en ti y haré que brille como el sol de mediodía!

Aquiétate ante mí y espera mis instrucciones. Huye de la lucha y el enojo. Nunca busques la venganza. Ora por los que abusan de ti. Yo soy tu Dios. Lucharé las batallas por ti. Serás bendecida con buenos tiempos si esperas y confías en mí; y disfrutarás de mi paz que sobrepasa todo entendimiento. Tú eres mi hija y yo soy tu Dios. (Salmo 37, parafraseado)

> Y sabemos que para los que aman
> a Dios, todas las cosas cooperan para bien,
> esto es, para los que son llamados
> conforme a su propósito.
>
> Romanos 8:28, LBLA

Esperanza en el Señor

Ten buen ánimo,
    Él te fortalecerá.
Ten esperanza en el Señor
    Él te ayudará.

Cobren ánimo
y ármense de valor,
todos los que en el SEÑOR esperan.

Salmo 31:24

DE LA CALAMIDAD A LA CALMA

Padre, este día trae demasiada responsabilidad para mí. La cabeza me da vueltas por la frustración. Mi vida está llena de calamidades. Ayúdame a conseguir tu perspectiva. Cuando mis pies comiencen a resbalar, permíteme aferrarme a ti, mi Fortaleza. Infunde en mi mente desordenada tu dirección. Cuando esté débil, préstame tu callada y confiada fuerza. Cuando me impaciente, dame tu paciencia. Si fallo, ayúdame a no castigarme, sino a ponerlo en tus manos y continuar.

Enséñame a eliminar las cosas innecesarias y a concentrarme en lo esencial. Ayúdame a frenar lo suficiente como para sacar tiempo para mí y para ti.

Mantén mis pensamientos precisos, mis manos seguras y mis pies prestos a hacer tu voluntad. Recuérdame mis limitaciones, Señor. Hazme ir tras de ti, no delante, y protégeme con tus fuertes manos.

Al final del día, descansaré y meditaré en todo lo aprendido. Recordaré lo mucho que me has ayudado. Te alabaré con gran gozo cuando me acueste, anidada en la protección de tus poderosas alas.

Yo te instruiré,
yo te mostraré el camino que debes seguir;
yo te daré consejos y velaré por ti.

Salmo 32:8

Es fácil en nuestro veloz mundo dejar que la vida controle nuestra agenda. Al poco tiempo descubrimos que nuestros días están llenos de revoltijo, de tiempo perdido, de exceso de televisión y de acciones sin sentido que no van a ninguna parte. Como las ruedas que giran por una autopista resbaladiza, perdemos nuestro paso espiritual, nos volvemos irritables y frustrados. Nuestras canciones de alabanza y adoración (cuando las escuchamos) suenan en nuestros oídos como grabaciones aceleradas. Sin concepto. Sin aplicación. Sin dirección.

Necesitamos salirnos del carril rápido de la vida por un tiempo y volvernos a Dios para recibir dirección y fuerza. Sintonicemos su voz y maravillémonos mientras Él nos prepara el camino. Cuando buscamos su dirección, de manera milagrosa Él nos da más tiempo cada día. Entonces en la noche podemos volver la vista atrás y estar satisfechos dentro de su voluntad.

PARTE 9:
FAMILIA

DICHOSO EL HOGAR
DONDE DIOS ESTÁ ALLÍ

Dichoso el hogar donde Dios está allí,
Y el amor llena cada corazón;
Cuando es uno el deseo de todos,
y una su oración,
Y uno su descanso celestial.

Dichoso el hogar donde el nombre de Jesús
Es dulce para todo el que lo oye,
Donde los muchachos
pronto proclaman su fama,
Y los padres le tienen en su corazón.

Dichoso el hogar donde se oye una oración,
Y se acostumbra elevar una alabanza,
Donde los padres aman las sagradas Escrituras
Y el premio de todos es la sabiduría.

Señor, permite la armonía en nuestros hogares,
Que obtengamos esta bendita paz;
Une nuestros corazones en amor a ti,
Y el amor reinará para todos. Amén

Henry Ware, hijo

Nuestro recién nacido

Mira nuestro precioso bebé, Señor, a esos diminutos dedos que rodean el mío. Mira cómo descansa seguro en mis brazos. Mira la orgullosa mirada de papá. Ya mi corazón se desborda de amor. Hablaba y oraba por este dulce bebé cuando aún estaba en mi vientre.

¿Qué futuro le aguarda a nuestro bebé? Prepara el camino para que nuestro hijo crezca para amarte y servirte. Danos a mi esposo y a mí sabiduría para criar a este precioso regalo.

Hoy, Señor, dedico nuestro bebé como una ofrenda de amor a ti. Como Ana en los días de antaño, te doy gracias por darnos este pequeño. Aquí y ahora, presento nuestro bebé en tu altar para educarlo para tu servicio.

Permite que tus ángeles acampen a su alrededor y le protejan del mal y del dolor. Ayúdanos a enseñarle tus caminos mediante la verdad y el ejemplo. Te pido que cuando fallemos, amado Señor, que nos ayudes a suplir sus necesidades y nos perdones. Pon a personas cristianas en su camino. Oro para que crees un hambre especial en este pequeño corazón por conocerte, amarte y servirte por completo.

Ayúdame a recordar que tú nos has prestado a nuestro hijo por un tiempo y que tú eres el prestamista. No permitas que te arrebate a nuestro querido hijo ni que persiga mis propios caminos fuera de tu voluntad.

Bendeciré tu nombre, Señor, dándote gracias por este maravilloso regalo. Alabaré tu nombre en mis pensamientos, motivos y acciones para siempre.

Por mi parte,
mi familia y yo
serviremos al SEÑOR.

Josué 24:15

El SEÑOR te bendiga
y te guarde;
el SEÑOR te mire con agrado
y te extienda su amor;
el SEÑOR te muestre su favor
y te conceda la paz.

Números 6:24-26

GRACIAS POR ESTE DÍA ESPECIAL

Señor, me hundo en el sofá, me quito los zapatos y pienso en las bendiciones de hoy. La familia y los amigos yendo de aquí para allá. Los hijos hablando con juvenil entusiasmo. El vapor de los deliciosos alimentos que sale de la cocina. Los hombres contándose historias y (gracias, Señor) ayudándonos con los pequeños. Parece un dulce sueño; el día se fue volando.

Medito un poco en las luchas que todos hemos tenido, las montañas que con temor hemos conquistado con tu ayuda. Todavía estamos juntos, amando y compartiendo. Valió la pena escucharnos los unos a los otros y encontrar tu voluntad a lo largo de los años.

Estoy cansada, pero encantada por todo. Al anochecer, unos pequeños brazos rodean mi cuello con un "Te quiero, nana". Los fuertes abrazos de hijos tan queridos y los tiernos abrazos de mis hijas amadas llenaron mi corazón de gozo. ¿Cuándo me he ganado tanto amor y honor? No lo sé, pero te lo agradezco, Señor. Atesoro la mirada de agrado y orgullo, el apretón de manos de mis propios y queridos padres.

Ahora hay silencio aquí, el zumbido de su tranquila melodía. Me inclino y apoyo mi cabeza en el hombro de mi esposo. Su mirada está llena de satisfacción y aprobación. El amor se desliza con suavidad entre nosotros.

Gracias, Señor, por este día que creaste y por el amor de la familia y los amigos.

Cuando los días especiales terminan con cada alocada actividad, a menudo recuerdo el verdadero valor de todo: no se trata de comida, aficiones y preparativos, sino de mis más queridos amigos y seres amados.

Está atenta a la marcha de su hogar,
y el pan que come no es fruto del ocio.
Sus hijos se levantan y la felicitan;
también su esposo la alaba:

«Muchas mujeres han realizado proezas,
pero tú las superas a todas».

Proverbios 31:27-29

BENDICE A TRAVÉS DE LAS GENERACIONES

Padre, en este incierto mundo lleno de peligro y desorden, te pido que protejas a mi familia.

¿Viviré para ver crecer a mis hijos? ¿Viviré para ver a mis nietos? ¿Y a mis bisnietos? Solo puedo confiar y hacer que cada día cuente para algo.

Perdónanos por permitir un mundo como este con todos sus problemas. Sin embargo, te alabo por las muchas cosas buenas que están al alcance de mis hijos.

Señor, por favor, bendice a mi familia durante futuras generaciones. Que las enseñanzas cristianas que infundimos pasen de una generación a la otra. Concede sabiduría y fortaleza a cada ser querido.

¿Es posible que mis sencillas oraciones por ellos se generen por tu poder, el mismo poder que se manifestó cuando tu Hijo murió en la cruz y resucitó? ¿Trascenderán estas oraciones todas las eras? Me consuela pensar que cuando me haya ido, mis oraciones continuarán en la eternidad contigo, Señor Jesús, intercediendo a favor de cada uno.

Del mismo modo que tú oraste por mí en el huerto de Getsemaní, estoy segura que tú aceptas mis oraciones por ellos: mis hijos, los hijos de mis hijos y a través de las generaciones. No le temo a su futuro porque los encomiendo a tu amoroso cuidado.

Gracias por tu paz.

Ruego por ellos. No ruego por el mundo, sino por los que me has dado, porque son tuyos. Todo lo que yo tengo es tuyo, y todo lo que tú tienes es mío; y por medio de ellos he sido glorificado. Ya no voy a estar por más tiempo en el mundo, pero ellos están todavía en el mundo, y yo vuelvo a ti.

Juan 17:9-11

Muchas familias averiguan sus herencias y genealogías. Algunas incluso se preocupan de grabar historias interesantes de días pasados. Se pasan horas viendo fotos antiguas de la familia, copiándolas y preservándolas para generaciones futuras.

Eso es bueno, ¿pero qué estamos haciendo para guardar las sagradas lecciones espirituales aprendidas de nuestros antepasados? Las cosas que aprendieron y enseñaron son más valiosas que toda la riqueza y el prestigio de este mundo. Me considero afortunada de tener unos suegros cristianos maravillosos. He adquirido de ellos visión y sabiduría que puedo aplicarlas y pasarlas a otros.

Ahora soy abuela. Algunos, bromeando, me llaman «veterana». Envejecer parece ser sinónimo de sabiduría. Algunos más jóvenes parece que no se dan cuenta que esta presunta sabiduría se adquiere durante toda una vida, a través de un proceso lento y doloroso. Nunca termina hasta que nos morimos.

Como muchos padres y abuelos cristianos, mi esposo y yo nos preocupamos muchísimo por cómo nuestros hijos, nietos y bisnietos que vendrán vivirán la vida en este problemático y complicado mundo. He pensado mucho sobre lo que yo podría hacer para ayudarlos.

Una de las cosas más importantes es ofrecer una oración de dedicación por nuestros descendientes. Recordemos que las oraciones de Jesús tenían poder, como las que le ofrecemos a Dios. Cuando nos vayamos de aquí, continuará el poder de nuestras oraciones.

A continuación, decidí mantener un diario espiritual. También escribí muchas lecciones espirituales en las páginas iniciales y finales de mi Biblia y en los márgenes. Cuando mi última Biblia se desgastó, me pasé todo el año siguiente pasando mis notas a la Biblia nueva. Les pasé mi vieja Biblia a nuestro hijo mayor y su esposa. Espero que durante muchas generaciones pueda seguir ayudando a algunos de nuestros seres queridos como me ayudó a mí.

Los tiempos cambian. La gente no. Todavía tenemos las mismas necesidades y siempre las tendremos. Dios no cambia. Siempre está ahí para ayudarnos. En los últimos tiempos he estado leyendo algunos libros inspiradores, valiosísimos, escritos a finales del siglo XIX y principios del XX. Me sorprendió la cantidad de lecciones que todavía se aplican hoy.

El tiempo es corto. Estoy aprendiendo a sopesar las cosas importantes y a dedicar tiempo para investigarlas. Vale toda una eternidad.

PARTE 10:
AMOR

¡OH AMOR QUE EXCEDE A TODOS![11]

¡Oh amor que excede a todos,
Don del Padre Celestial,
Pon corona a tus mercedes,
Y entre nos ven a morar!

Eres tú, Jesús bendito,
Todo amor y compasión;
Baja al corazón que sufre,
Tráenos tu salvación.

Charles Wesley

Queridos hermanos, ya que Dios nos ha amado así, también nosotros debemos amarnos los unos a los otros. Nadie ha visto jamás a Dios, pero si nos amamos los unos a los otros, Dios permanece entre nosotros, y entre nosotros su amor se ha manifestado plenamente [...] el amor perfecto echa fuera el temor [...] Nosotros amamos a Dios porque él nos amó primero [...] Y él nos ha dado este mandamiento: el que ama a Dios, ame también a su hermano.

1 Juan 4:11-12, 18-19, 21

Ayúdanos a comenzar de nuevo

Señor, ¿cuándo cambió nuestro matrimonio? ¿Cuándo empezamos a dejar de amarnos? Él solía darme flores. Yo solía cocinarle su plato favorito. Él solía decir que era guapa. Yo solía ponerme su vestido favorito. Él solía tocar mi cabello. Yo solía frotar su espalda. Solíamos apartar un tiempo especial el uno para el otro. Un apretón de la mano del otro tres veces era enviar un mensaje mágico y silencioso: «Te amo». Qué tesoro tan precioso nuestro amor. Ahora, se nos está yendo de las manos, quizá para nunca volver.

Si hay tan siquiera un atisbo de amor, no sé dónde está. Sin embargo, no importa cuán pequeño sea, tú, Señor, puedes encontrarlo.

Guárdanos de las malas influencias. Rodéanos con tus brazos protectores. Líbranos de la tentación de hacer lo malo.

Ayúdanos a comenzar de nuevo. Sopla esta pequeña llama de amor y ayúdala a crecer. Permite que recordemos que no importa cuán afable ni elocuente le parezcamos a otros, es metal que resuena si ya no tenemos amor el uno por el otro. Es posible que seamos sabios y les demos los mejores consejos a nuestros amigos; pero sin amor, eso no cuenta para nada.

Señor, enséñanos a ser pacientes y amables, aun cuando las cosas no van bien. Enséñanos a ser atentos. Ayúdanos a poner nuestro matrimonio por delante de las cosas que nos presionan en esta vida. Muéstranos cómo desarrollarnos el uno al otro en lugar de competir. Permítenos que suframos con gusto las necesidades mutuas y que corramos de inmediato la segunda milla y luego la tercera. Calma nuestras emociones a fin de que seamos tardos para la ira. Enséñanos a halagar y alabar, a pasar por alto esas veces en las que el otro se equivoca, a desprendernos de las actitudes infantiles y egoístas.

Ayúdanos a proteger y no a ser negligentes; a confiar y no a deshonrar. Danos fuerza para perseverar en descubrir nuestro amor perdido antes de que sea demasiado tarde. Incluso cuando nuestro amor falla, el tuyo nunca falla. Haz que tu amor brille a través de nosotros.

Aviva nuestra llama, Señor, y comenzaré con tres apretones de la mano de mi esposo y un «te amo».

SIGUE AMANDO

Sigue amando a causa de.
Sigue amando a pesar de.
Sigue amando cuando amar sea lo más difícil.
Sigue amando cuando no tengas fuerza.
Sigue amando porque Jesús te ama
en los buenos momentos y en los malos,
en la cima de la montaña, en los valles.
Cuando todo lo demás fracase,
sigue amando.

En todo tiempo ama el amigo.
Proverbios 17:17

Gracias por el hombre que amo

Me mira desde el otro lado de la concurrida sala. Solo estamos en otra reunión más, pero me vestí para estar bonita de verdad. ¿Veo la misma chispa que vi en sus ojos el primer día que nos conocimos? ¿Veo la misma apariencia que tenía el día de nuestra boda? ¿Soy tan bendecida de que todavía me mire con el mismo amor y orgullo? Gracias, Señor, por esa mirada. Gracias por el día de hoy y por él.

Ayúdame a mostrarle el mismo amor y consideración que tuve al principio de nuestro matrimonio. En nuestro apretado horario, haznos buscar momentos para estar juntos. Me encanta incluso compartir un segundo vaso de té frío en el patio al atardecer.

Pienso en los cambios que hemos enfrentado y que seguiremos experimentando. Nos hemos enamorado el uno del otro una y otra vez, incluso en medio de esos cambios.

Enséñanos a seguir respetando los sentimientos mutuos. Enséñanos a poner al otro primero, después de ti.

Y, Señor, ayúdame a mantenerme de forma que él siempre me mire desde el otro extremo de la sala con amor y orgullo.

Ahora, pues, permanecen estas tres virtudes:
la fe, la esperanza y el amor.
Pero la más excelente de ellas es el amor.

1 Corintios 13:13

¿Amar? ¡Te diré lo que es amar!
Es construir con corazones
humanos un santuario,
Donde la esperanza se siente
melancólica como una bella paloma,
Donde el tiempo parece joven
y la vida algo divino.

Charles Swain

GRACIAS POR MI AMIGA

Allí estaba de nuevo, justo cuando necesitaba alguien que me escuchara y un hombre donde recostarme. Gracias por mi amiga, Señor. Es muy especial para mí. Cuando no nos podemos ver, hay pequeñas oleadas de pensamientos que van y vienen entre nosotras y pequeñas «flechas de oración» de la una por la otra durante el día.

Gracias por mi amiga cuando me trae una bandeja de galletas y yo saco un poco de té. En medio del trabajo, nuestro mundo se detiene si tomamos un poco de tiempo para vernos.

Ayúdame a nunca dar por hecho que es mi amiga, sino a tratarla con consideración. Ayúdame a darme cuenta de cuándo quiere estar conmigo y cuándo necesita estar sola.

Sé que seremos muy buenas amigas durante muchos años. Estoy agradecida por cada año que tenemos.

En todo tiempo ama el amigo [...]
Hay amigos que llevan a la ruina,
y hay amigos más fieles que un hermano.

Proverbios 17:17; 18:24

La verdadera amistad traspasa continentes y océanos o está justo a tu lado. No tiene límites geográficos, ni su amor se puede medir.

Notas de consideración,
llamadas telefónicas,
acciones desinteresadas
crean recuerdos entrañables y felices que duran
toda una vida.

Ser y tener una verdadera amiga en los buenos y en los malos momentos de la vida nos hace ser las personas más ricas de la tierra.

PARTE 11:
FIDELIDAD DE DIOS

Por siempre cantaré de las misericordias del SEÑOR; con mi boca daré a conocer tu fidelidad a todas las generaciones. Porque dije: Para siempre será edificada la misericordia; en los cielos mismos establecerás tu fidelidad. Yo he hecho un pacto con mi escogido, he jurado a David mi siervo: Estableceré tu descendencia para siempre, y edificaré tu trono por todas las generaciones. (Selah)

Oh SEÑOR, Dios de los ejércitos,
¿quién como tú, poderoso SEÑOR?
Tu fidelidad también te rodea.

Salmo 89:1-4, 8, LBLA

EL HIJO REBELDE

Padre, ayuda a mi hijo rebelde. Estoy abrumada por la preocupación. ¿He criado a este hijo, el que una vez fue pequeñito y alegre, para que ahora ocurra esto? ¿Darán como resultado los errores de mi hijo querido toda una vida de sufrimiento? ¿Mi culpa es parcial o total?

Perdóname, Señor, por los errores que he cometido con mi hijo. Permíteme humillarme y pedir perdón a este hijo amado. No quiero poner excusas. Limpia mi corazón de toda amargura y dame un amor puro e incondicional. Dame sabiduría. Enséñame cuándo ser indulgente y cuándo ser firme. Ayúdame para que mis motivos sean puros, sinceros y legítimos. Recuérdame a menudo que no trate de arreglar las cosas.

Pon tus ángeles alrededor de mi hijo. Protégele del pecado y los perjuicios, y guíale a tu perfecta voluntad. Ablanda nuestros corazones. Danos hambre de amarte y servirte.

Ahora, amado Señor, suelto el control de mi querido hijo a ti. Confiaré en ti en cada situación y circunstancia. Aun cuando no entienda el porqué, seguiré confiando en ti y alabándote. A través de estos tiempos difíciles sé que tú estás ayudando y guardando a mi amado hijo bajo tu cuidado.

Gracias por las victorias que vendrán. Gracias por escuchar mis oraciones. Gracias porque puedes ir a sitios con mi hijo a los que yo no puedo ir. Cuando lleguen las respuestas a mis oraciones, las escribiré y las recordaré siempre. Te alabo, Dios, por tus obras poderosas. En ti pongo toda mi confianza.

Sobre todo, ámense los unos a los otros profundamente, porque el amor cubre multitud de pecados.

1 Pedro 4:8

Alaba, alma mía, al SEÑOR;
   alabe todo mi ser su santo nombre.
Alaba, alma mía, al SEÑOR,
   y no olvides ninguno de sus beneficios.
Él perdona todos tus pecados
   y sana todas tus dolencias;
él rescata tu vida del sepulcro
   y te cubre de amor y compasión;
él colma de bienes tu vida
   y te rejuvenece como a las águilas.

Salmo 103:1-5

Bendito el hombre que confía en el SEÑOR,
   y pone su confianza en él.
Será como un árbol plantado junto al agua,
   que extiende sus raíces hacia la corriente.

Jeremías 17:7-8

Mi esposo Bob y yo tenemos cinco hijos, hoy en día ya hombres. Cuando pensamos en sus años de adolescencia, recordamos muchas cosas felices, pero también algunas temibles.

Durante los momentos de rebelión y altibajos emocionales descubrimos valiosas lecciones. Primero, aprendimos a ser firmes y coherentes en nuestra postura, de modo que nuestros hijos siempre tuvieron algo estable a lo cual mirar. Si nos hubiéramos desviado lo más mínimo, se hubiera ampliado en nuestros hijos. Ellos observaban con atención y nos desafiaban en cada cosa que decíamos y hacíamos.

Cuando nuestros hijos trataban de encontrar su propio camino, probaban nuestra pureza y validez. No valían de nada las charlas ni los intentos de enderezarlos. Lo que más les ayudaba era la comunicación, escucharlos y amarlos. También descubrimos muy pronto que nuestro ejemplo significaba mucho más que las simples palabras.

Otra lección que aprendimos fue la de mantener un compañerismo íntimo con el Señor. Él fue nuestro Guía, nuestro Consejero, Amigo y nuestra fuente de fortaleza. Debido a eso fuimos capaces de entregar una y otra vez a cada uno de nuestros hijos a Dios. Él podía ir con ellos donde nosotros no podíamos ir, y hablarles a cada uno cuando nuestras palabras no les alcanzaban.

Ahora alabamos a Dios por sus milagros y oraciones contestadas y por nuestra amada familia. Todavía oramos a Dios por nuestros hijos de casi dos metros de estatura, nuestras preciosas hijas políticas y ahora nuestros nietos y los dejamos a su cuidado cada día.

Cuando el esposo de Julia la abandonó, se sentía desesperada y sola; mientras tanto, su hijo adolescente, Tony, atravesaba tiempos muy duros. Julia estaba preocupada por él y oraba pidiendo la ayuda de Dios.

Una tarde ambos decidieron ir a caminar por la orilla del río. A Julia le encantaban esos largos paseos y charlas que ella y Tony mantenían, solo ellos dos. La cálida luz del sol se reflejaba en el agua, enviando brillantes destellos de luz a los árboles cercanos.

—Este es mi sitio favorito, mamá.

Tony y se dirigió hacia un terreno cubierto de hierba y un árbol cercano que se inclinaba de forma precaria desde la orilla del río.

—Y esto es lo que me gusta hacer. ¡Mírame!

Con un gran salto, Tony fue por el aire y se agarró de una rama baja. Palmo a palmo, con una mano tras otra, consiguió moverse hasta llegar a estar encima de la fuerte corriente del río.

Julia gritó de asombro.

—¿Es ese árbol lo bastante fuerte para soportar tu peso?

La elástica rama se balanceaba con el delgado cuerpo de Tony.

—Sí, mamá. Sus raíces son más largas que lo que mide el árbol.

Julia se sentó sobre el mullido césped esmeralda y miró a su hijo. Pensaba en sus preocupaciones por su hijo. Sabía que Dios les había permitido este paseo para que se acordara de profundizar en el Señor sus raíces de oración y lectura bíblica, a fin de que Él les ayudara.

Después de esto, cuando llegaron los momentos duros, ella recordaba su especial caminata por el río y las fortalecedoras raíces de Dios. Sabía que podrían pasar por ello. Solo los tres: Julia, Tony y Jesús.

PADRE, ESCUCHA LA ORACIÓN QUE OFRECEMOS

Padre, escucha la oración que ofrecemos;
No será para que nos facilites las cosas,
Sino para que nos des fuerza para que siempre
Vivamos nuestras vidas con valentía.

No pedimos que siempre en los verdes pastos
Te pedimos que sea nuestra vida,
Sino que por el camino abrupto y duro
Podamos transitar con gozo

No pedimos que siempre en aguas tranquilas
Estemos inmóviles y ociosos,
Sino que saquemos las fuentes vivas
De las rocas que hay en el camino.

Sé nuestra fortaleza en los momentos
de debilidad;
En nuestro vagar, sé nuestro guía;
En medio de esfuerzos, fallos y peligros,
Padre, permanece tú a nuestro lado.

Amén.

Love M. Willis

PARTE 12:
DESAFÍO

«UNA TAREA TENGO QUE MANTENER»

Una tarea tengo que mantener:
A Dios glorificar;
Un alma eterna salvar,
Y prepararla para el cielo.

Servir en la era presente,
Mi llamado cumplir
¡Oh, que todas mis fuerzas se dediquen
A hacer la voluntad de mi Maestro!

Charles Wesley

Sin embargo, considero que mi vida
carece de valor para mí mismo,
con tal de que termine mi carrera
y lleve a cabo el servicio que me ha encomendado
el Señor Jesús, que es el de dar testimonio
del evangelio de la gracia de Dios.

Hechos 20:24

PERMITE QUE MIS RAÍCES
SEAN PROFUNDAS

Señor, estoy sentada sola junto a un tranquilo arroyo. Mis pensamientos giran en torno al Salmo 23. Las aguas se deslizan en pequeñas olas. Los árboles extienden sus ramas con gracia y sus hojas susurran juguetonas con la pura y fresca brisa. Un pájaro canta alegremente para atraer a su pareja. A la distancia, un halcón traspasa el aire con su chillido resonante.

Paz. Gracias, Señor. Sin embargo, ¿qué ocurre cuando tengo que volver al bullicio? ¿Cómo me voy a preparar?

Miro a los árboles; sus raíces se hunden profundas junto al arroyo. De la misma manera, permite que mis raíces sean profundas en ti. Déjame alimentarme en tu Palabra. Cuando tengamos comunión en oración, déjame beber del agua viva de tu Espíritu. Déjame saltar y zambullirme en tu poder que limpia. Confiaré en ti en lugar de lo que es temporal y superficial. No puedo depender de mis propias habilidades y fuerzas, sino que confío en tu cuidado y dirección.

Prestaré especial atención a las cosas buenas cuando vengan. Fijaré mi mente en lo que es puro, bueno y recto.

Cuando el calor y los vientos de la vida vengan contra mí, no temeré; sé que tú estás cerca. No me preocuparé, sino que seguiré produciendo una vida que sea de bendición para ti y para otros.

Permite que tome tiempo a menudo para beber de tus tranquilas aguas. Te doy gracias por ello.

Jehová es mi pastor; nada me faltará.

En lugares de delicados pastos me hará descansar;
Junto a aguas de reposo me pastoreará.

Confortará mi alma;
Me guiará por sendas de justicia
por amor de su nombre.

Aunque ande en valle de sombra de muerte,
No temeré mal alguno, porque tú estarás conmigo;
Tu vara y tu cayado me infundirán aliento.

Aderezas mesa delante de mí en presencia
de mis angustiadores;
Unges mi cabeza con aceite; mi copa está rebosando.

Ciertamente el bien y la misericordia me seguirán
todos los días de mi vida,

Y en la casa de Jehová moraré por largos días.

Salmo 23

ALABANZA A DIOS DESDE LOS BOXES

Señor, quiero alabarte desde los boxes. No los boxes de excesiva compasión propia, sino los que están colocados con cuidado en el corazón de la pista de carrera de la vida. No tengo tiempo de sentir lástima de mí porque estoy en medio de una carrera para ti.

Cada vez que giro en una curva, confío en que tú me comparas con tu lista de comprobación para ver si estoy alineada y sincronizada con tu voluntad.

Sé que hay otros que me ven, pero también sé que me estás ayudando a deshacerme de cosas y hábitos que me frenan.

Quiero alabarte mientras corro con determinación. Pondré en acción cada gramo de fuerza. A veces me menosprecian y prueban. Otras veces me siento tentada a tomar un atajo, pero mantendré mis ojos vueltos a ti, mi Creador, el mismo Autor de mi fe. Recuerdo cómo te menospreciaron, cómo te tentaron, cómo vertiste tu sangre y moriste en la cruz por mí.

Por eso, cuando estoy cansada, levanto mis manos para alabarte desde mis boxes. Te pido que fortalezcas mis brazos. Mantén mis pies veloces y seguros. Haz que el camino de cada día se nivele delante de mí. Te entrego mi vida. Con todo mi ser, hago esta carrera para ti.

MOVER LA MONTAÑA
DE CUCHARADA EN CUCHARADA

¡Esta montaña mía es enorme, Padre! He orado una y otra vez para que tú me la quites de en medio, pero aún sigue surgiendo amenazadora. ¿Debo moverla yo? No me creo capaz de enfrentar una tarea como esa.

Hay demasiadas cosas que hacer en muy poco tiempo. Sin embargo, estoy decidida. Ya sea que esté agotada o no, en tiempo o fuera de tiempo, debo empezar a mover mi montaña, incluso si solo es de cucharada en cucharada.

Señor, ayúdame a enfrentar cada problema que venga dentro de tu voluntad. Cuando el fuego, el calor y los vientos resecos me rodeen, recuérdame que tú estás ahí. Cuando las fuertes tormentas me asalten, ayúdame a estar firme y aferrarme a tu Palabra. Te pido que cuando me vea obligada a andar con lentitud atravesando las tinieblas y el lodo pecaminoso, me limpies con tu dulce y pura agua viva. Ilumina mis pasos para que no me hunda en tales cosas.

Cuando la maldad intente devorarme, buscaré protección con tu santa armadura. Cuando otros me critiquen y se rían con satisfacción de mi montaña, quizá me sienta golpeada y derrotada. En ese momento, te pido que me levantes. Ayúdame a mantener mi cabeza en alto y a continuar. Pues yo soy tu hija... ¡la hija del Rey!

Cuando los árboles y las piedras pesadas de la vida caigan sobre mí y cerca de mí, no temeré, porque tú me ayudas y guías durante todo el camino.

Es posible que a veces te diga: «¿Por qué a mí, Señor? ¿Por qué tengo que mover esta montaña y llevar este madero, mi cruz? ¡Soy muy débil!». Por favor, ayúdame. Por favor, ámame. Confío en ti, pues esta montaña será removida y te alabo porque llegará la victoria.

Pasa por alto al que duda.

Permanece fuerte.

No temas el fracaso.

Mantén tu vista en el objetivo.

Mantén un paso realista.

Escucha a tu Entrenador.

Por tanto, también nosotros,
que estamos rodeados de una multitud
tan grande de testigos, despojémonos
del lastre que nos estorba, en especial del pecado
que nos asedia, y corramos con perseverancia
la carrera que tenemos por delante.

Hebreos 12:1

—Para los hombres es imposible
—aclaró Jesús, mirándolos fijamente—,
mas para Dios todo es posible.

Mateo 19:26

¿Acaso no sería maravilloso si pudiéramos clamar a Dios y con un chasquido de dedos Él hiciera desaparecer todos nuestros problemas? Pocas veces las cosas son así.

Se me recuerda que Dios obra todas las cosas con un propósito. Veo a los atletas entrenando un día tras otro, fortaleciéndose, preparándose para la competición. ¡Qué orgullosos están de sus mejoras! Pienso en los estudiantes que trabajan con afán para obtener sus títulos, o los artistas que pintan paisajes, empezándolos una y otra vez hasta que están satisfechos.

¿Qué decir de los desastres? Muchas veces se interponen en nuestro camino como montañas, pero con la ayuda de Dios podemos salir de todos ellos. Siempre crecemos en cada ocasión. Nos sentimos orgullosos, fortalecidos y satisfechos porque nunca lo habríamos experimentado si nos lo hubieran entregado en una bandeja de plata.

Hay razones por las que Dios nos deja que batallemos. Hay lecciones que aprender y vidas que tocar durante el camino. A veces nuestras montañas nos preparan para ayudar a otros.

Cuando observo las hormigas, me asombro de las enormes cargas que trasladan, algunas mucho mayores que sus cuerpos. Nunca se rinden, sino que siguen luchando. Cuando la carga es demasiado grande, a menudo aparece otra hormiga. Me gustaría agacharme y ayudarlas, pero soy demasiado grande. Quizá sea por eso que Dios envía a otros cristianos para ayudarnos. Quiera Él que ellos no se queden solo mirando ni criticando lo que hacemos. Dios está obrando cuando otra persona toma una cuchara y se dispone a echar una mano.

Llegará el día en el que miraremos atrás para ver lo que hemos logrado con la ayuda de Dios al mover la montaña y llevar nuestra cruz. Podemos ver surcos y arrugas en el camino, ¿de dónde vienen? ¡Seguro que no fuimos lo bastante fuertes como para hacerlos! Algunos vienen de su mano poderosa... y otros se formaron cuando Jesús levantó nuestra pesada cruz y la llevó por nosotros.

NO TE RINDAS

Cuando
    crees que estás destruido, lo estás;
    no desafías las posibilidades, pierdes;
    no reclamas la victoria, fracasas;
    te conformas con un objetivo, te estancas.

Pero cuando
    aprendes de las luchas, las resuelves;
    pasas por alto los menosprecios, creces;
    escoges el éxito, vuelas;
    crees en ti mismo, obtienes confianza;
    aceptas a Cristo, ganas fuerza;
    trabajas sin cesar, lo logras;
    presionas, eres enriquecido;
    caes y vuelves a empezar, ganas.

Cuando hagas todo esto, obtendrás el premio de la vida.

NUNCA ME RENDIRÉ

Señor, ahora mismo me siento desesperanzada y sola. Tal parece que no hay esperanza. Por favor, muéstrame que aún sigues cerca. La gente dice que mi situación es una causa perdida. Sin embargo, tu infinita sabiduría y misericordia siguen probando que estás cerca, ayudándome en el camino, mostrándome tu voluntad. Incluso en los momentos difíciles, mi voz irrumpe en una canción, alabándote por tu poder y tu misericordioso perdón. No, nunca me daré por vencida, sino que te buscaré día a día, hora a hora.

¿Cuántas veces te he desilusionado y te he pedido que me perdones? Tu eterno amor me perdona una y otra vez.

Cuando los problemas me rodeen, no temeré. En medio de la desesperación, siento tu mano ayudadora. A pesar de mis fracasos, conozco tu compasión y perdón. En medio de mi orgullo, siento tu fuerza y consuelo. En mi pérdida de dirección, busco tu guía.

Te doy gracias desde ahora por la manera en que me sacas del pozo de la desesperación, por la forma en que me ayudas y me sanas y la manera en que me perdonas y me ofreces favor para toda mi vida.

Siempre estaré segura en tu protección. No seré conmovida. Permaneceré firme y segura. Nunca me rendiré. Te doy gracias, Señor.

Sigo avanzando hacia la meta para ganar el premio
que Dios ofrece mediante su
llamamiento celestial en Cristo Jesús.

Filipenses 3:14

QUIERO DEJAR MI HUELLA PARA TI

No sé lo que me deparará cada día, ni cuándo dejaré de servir. Una cosa sé, amado Señor, quiero dejar mi huella para ti.

Permite que cada uno de mis días cuente. Recuérdame dejar a un lado lo que yo quiero, a fin de estar dispuesta a que me molestes y uses para ti. No permitas que ponga nada delante de ti, sin importar cuán bueno parezca. Ayúdame a despojarme de mis malos hábitos que me estorban a la hora de hacer tu voluntad.

Solo puedo dejar mi huella para ti sustituyendo los tiempos de pereza con acciones de propósito. Cuando descanso, abro mi corazón para que me llenes con tu fuerza y tu Espíritu.

Enséñame a dejar atrás el ayer, a vivir a plenitud el hoy intensamente y a mirar con entusiasmo el mañana. Estoy sorprendida de cómo cada día te conozco un poco más. Siento que tu amor se derrama sobre mí como una lluvia fresca de verano.

Aunque no soy digna, anhelo llegar al final del viaje de mi vida y verte cara a cara. Mientras tanto, Señor, que pueda usar cada día, cada hora, cada momento para dejar mi huella para ti. Amén.

PARTE 13:
ADORACIÓN

Es Cristo de su Iglesia[12]

Es Cristo de su Iglesia
El fundamento fiel,
Por agua y la Palabra
Hechura es ella de Él;
Su esposa para hacerla
Del cielo descendió,
Él la compró con sangre
Cuando en la cruz murió.

De todo pueblo electa,
Perfecta es en unión;
Ella una fe confiesa,
Cristo es su salvación;
Bendice un solo nombre,
La Biblia es su sostén,
Con paso firme avanza
Con gracia y todo bien.

Samuel Sebastián Wesley

Te alabo, Trinidad

Te amo, oh Señor, mi Dios, con todo mi corazón, alma y fuerza. Nunca te olvidaré, eres mi *Padre* y yo soy tu hija. No hay ni la más mínima sombra de duda de que me des las espaldas.

Cuán grande eres cuando ordenas el comienzo, el presente e incluso el futuro. Cuán maravillosa es tu sabiduría.

Qué milagro presenciaron los ángeles y los pastores cuando tú, el *Hijo de Dios*, viniste a la tierra como un bebé en un humilde pesebre. Qué sorprendente fue ver cumplidas las promesas de tu Padre. En un momento, nos mostraste cómo madurar de bebé a adulto, cómo crecer en sabiduría y estatura, cómo vivir una vida santa siendo un jovencito y, a la vez, el Hijo de Dios.

En los últimos días que estuviste con tus discípulos, intentaste prepararlos para lo que vendría. En verdad, tú eras el heredero señalado del Padre que creó todas las cosas. En su brillante imagen, tú cumpliste las promesas de Dios.

Mi corazón clama al pensar en cómo tomaste el pecado de todo el mundo sobre ti y te hiciste un sacrificio vivo. No logro entender cómo fuiste al infierno, llevaste nuestros pecados al cielo, ¡y pusiste todos nuestros errores sobre el propiciatorio de Dios! ¿Cómo puedes amarnos así? ¿Cómo puedes amarme así?

A ti sea la gloria mientras reinas en el cielo con nuestro Padre... nuestro Padre porque tú nos adoptaste en tu familia. Allí te sentaste a la diestra del Padre. A ti, amado Jesús, sea toda la gloria y honor y alabanza.

Antes de que Jesús se fuera, nos prometió que tú vendrías, *Espíritu Santo*. Ahora te pido que tu presencia habite conmigo en mi corazón cada día de mi vida. Así como el Padre y el Hijo, tú, Espíritu Santo, muéstrame el camino, la verdad y la vida. Dame esa paz y gozo que nadie más me puede dar. No te puedo ver, pero conozco tu presencia: tus delicados susurros, tus advertencias, tus codazos, tu cálido y firme amor. Conozco estas cosas porque has creído conveniente llenarme hasta rebosar con tu precioso Espíritu.

Te alabo, Dios, por estar aún conmigo, pues moras dentro de mi corazón. Gracias por tu tierna bondad. Tú eres mi Padre, mi Salvador y mi Consolador. Tú, con toda tu misericordia, lavaste mis pecados y me salvaste. Después de limpiarme, me llenaste con una nueva vida. Ahora puedo vivir en tu gracia y amor. Durante toda mi vida tendré comunión contigo y viviré en ti y tú en mí. Todos los días de mi vida te serviré. ¡Alabado seas, oh Dios!

La gracia del Señor Jesucristo, el amor de Dios, y la comunión del Espíritu Santo sean con todos vosotros. Amén.

2 Corintios 13:14

Cantad alegres a Dios, habitantes de toda la tierra.
Servid a Jehová con alegría;
Venid ante su presencia con regocijo.
Reconoced que Jehová es Dios;
Él nos hizo, y no nosotros a nosotros mismos;
Pueblo suyo somos, y ovejas de su prado.
Entrad por sus puertas con acción de gracias,
Por sus atrios con alabanza;
Alabadle, bendecid su nombre.
Porque Jehová es bueno; para siempre es su misericordia,
Y su verdad por todas las generaciones.

Salmo 100, RV-60

GLORIA PATRI[13]

Gloria demos al Padre,
Al Hijo
y al Santo Espíritu;

Como eran al principio,
Son hoy y habrán de ser,
Eternamente.
Amén.

Tradicional

TU IGLESIA ES MI REFUGIO

El mundo y sus buenas y malas responsabilidades nos presionan por todos lados durante la semana. Tengo que correr para mantener el ritmo. Al fin llega mi día de adoración. *Todavía* apurada, al entrar por las puertas de tu santuario, me esfuerzo por cumplir con mi servicio. En toda esta prisa, a menudo me siento agotada.

Ahora, mientras escucho el órgano, aquieto mi corazón. Señor, es bueno beber de tu fuente de santidad. Aunque otros estén sentados a mi lado, no me doy cuenta, solo siento la presencia de tu Espíritu Santo descendiendo sobre alguien tan humilde como yo, ministrándome, amándome, enseñándome y llenándome hasta desbordar.

Gracias por mi iglesia, esas personas encantadoras, el cuerpo de Cristo. Y gracias por aquietar mi corazón de modo que pueda escucharte.

Yo me alegro cuando me dicen:
«Vamos a la casa del SEÑOR».
¡Jerusalén, ya nuestros pies
se han plantado ante tus portones!

Y ahora, por mis hermanos y amigos te digo:
«¡Deseo que tengas paz!»
Por la casa del SEÑOR nuestro Dios
procuraré tu bienestar.

Salmo 122:1-2, 8-9

ADORACIÓN EN SILENCIO

Espero en silenciosa adoración, Señor Jesús. Las simples palabras no pueden expresar mi reverencia por ti, el único Dios verdadero. Tú creaste la tierra, los cielos... y a mí. Estoy contenta de ser tuya.

Te ofrezco toda bendición, honor y poder; gloria y sabiduría, alabanza y acción de gracias.

En silencio, te doy alabanza y espero para que puedas ministrarme.

Oro en tu nombre, amén.

ESTAD QUIETOS

«Estad quietos», te oigo decir suavemente.
«Estad quietos, deja todo a un lado».
El que hizo el universo se inclina,
Y se ocupa de mis preocupaciones.

«Estad quietos», me vuelve a decir.
Su obra comienza con mi débil alma.
«Sé paciente. Tranquilízate.
Escúchame».

Aunque siento la presión por todos lados,
Limpio mi corazón y mi mente.
En tímida voz y corazón,
Levanto a Él mi alabanza.

Qué callada su presencia.
Qué sanadoras sus palabras.
En silenciosa admiración, escucho.
Saboreo cada cosa.

Mi voluntad Él doblega.
Mi corazón Él barre y limpia.
Mi fuerza Él renueva.
Mi alma Él llena hasta rebosar.

Me enseña por su palabra.
Pongo atención a lo que me dice.
Me levanto y le doy alabanza.
Juntos avanzamos para servir.

Los océanos te obedecen

Ah Señor, tú eres más poderoso que las enormes olas que rompen contra las rocas de los océanos. ¡Ningún otro es mayor que tú! Muestras tu fidelidad en el ciclo de las mareas. Qué magnífica es la forma en que sus olas se levantan y caen a tus órdenes. Gritas y se levantan. Susurras y vuelven con suavidad a las profundidades de los océanos. ¿Cómo haces que las aguas se detengan en la orilla? Esta agua, blanda como la seda y más dura que la piedra, obedece tu voluntad.

Camino por la arena de la playa. Echo un vistazo a las profundas aguas y recuerdo las turbulencias de mi propia vida. Gracias por controlar mis tormentas. Tu poderosa mano me saca con fuerza de las pruebas y tribulaciones; nunca me has dejado caer.

Cuando estoy parada, mirando tu maravillosa creación, hundo los dedos de mis pies en la arena. El fuerte viento azota mi cabello. Mi lengua saborea el aire salado. Respiro profundo. El aire limpio y fresco llena mis pulmones. Tu Espíritu refrescante me rodea. Me honras con tu presencia. Tiemblo al pensar en tu grandeza.

Gracias por tu creación. Gracias, Dios, por la vida.

Jehová reina; se vistió de magnificencia;
    Jehová se vistió, se ciñó de poder.
Afirmó también el mundo,
    y no se moverá.

Firme es tu trono desde entonces;
    Tú eres eternamente.
Alzaron los ríos, oh Jehová,
    Los ríos alzaron su sonido;
    Alzaron los ríos sus ondas.
Jehová en las alturas es más poderoso
    Que el estruendo de las muchas aguas,
    Más que las recias ondas del mar.
Tus testimonios son muy firmes;
    La santidad conviene a tu casa,
    Oh Jehová, por los siglos y para siempre.

Salmo 93, RV-60

Sacrificio de alabanza

Padre, te ofrezco mi sacrificio de alabanza. Por siempre honraré tu nombre. Alzo mi voz en canción, dándote alabanza. En la mañana te alabo por un nuevo día. En la tarde, me regocijo en todo lo que has hecho.

Mientras tenga aliento, te alabaré. Te doy todo mi ser, que sea agradable y aceptable a tus ojos. Esto es lo mínimo que puedo hacer por ti, querido Señor.

Quiero alabarte siempre delante de mis amigos y seres queridos, para que ellos también puedan conocer todo lo que has hecho por mí. Anhelo que aprendan a conocerte y amarte y a experimentar el verdadero gozo.

Ningún otro es digno de mi alabanza. Tú eres poder, sabiduría, honor, gloria, fuerza y bendición. Tus palabras llenan mi vida. Tus lecciones me enseñan sabiduría. Que todo lo que haga y diga sea agradable a ti, a fin de que sea un verdadero reflejo de ti ante los demás y glorifiquen a mi Padre que está en los cielos. Repito, te ofrezco lo único que puedo darte: mi sacrificio de alabanza. ¡Alabado sea el Señor!

¿Cómo puedo pagarle al SEÑOR
   por tanta bondad que me ha mostrado?
¡Tan solo brindando con la copa de salvación
   e invocando el nombre del SEÑOR!
¡Tan solo cumpliendo mis promesas al SEÑOR
   En presencia de todo su pueblo!

Mucho valor tiene a los ojos del SEÑOR
   la muerte de sus fieles.
Yo, SEÑOR, soy tu siervo;
   soy siervo tuyo, tu hijo fiel;
   ¡tú has roto mis cadenas!

Te ofreceré un sacrificio de gratitud
   e invocaré, SEÑOR, tu nombre.
Cumpliré mis votos al SEÑOR
   en presencia de todo su pueblo,
en los atrios de la casa del SEÑOR,
   en medio de ti, oh Jerusalén.
¡Aleluya! ¡Alabado sea el SEÑOR!

Salmo 116:12-19

El gozo del Señor

Mis días son largos y pesados. Mis fuerzas están casi agotadas. Alzo mis ojos a ti, oh Señor, mi gozo y mi fortaleza. Mi corazón se acelera. Una nueva energía fluye por todo mi cuerpo. La alegría llena mi corazón al concentrarme en ti.

Gracias por ayudarme a enfocarme en ti, Señor, antes que en las cosas negativas de la vida. Cuando las tareas que tengo que hacer parecen imposibles, gracias por insuflar nueva vida en mí. En realidad, Señor, tu gozo es mi fortaleza.

Cuando me pongo a hacer mis obligaciones, que tu gozo irradie a través de mí. Permite que tu luz brille en mí, tu sierva, por las buenas obras que has hecho. Canto alabanzas a ti y me siento bendecida con tu fortaleza.

Este mundo solo ofrece la felicidad temporal. Cobro ánimos con tu gozo, el gozo del Espíritu Santo. Es indescriptible, ¡directo del cielo! Tu gozo cubre sufrimientos, pruebas, tristezas y agotamientos.

Cuando lo experimento, mi copa rebosa. No hay situación tan difícil que no venza con un gozo puro y refrescante y con la fortaleza que viene de ti. Tú refrescas, limpias y consuelas, estimulas y animas.

¡Me regocijo y me vuelvo a regocijar! Tú, Señor, te inclinas desde tu trono en el cielo, me alcanzas y me nutres con el agua de vida. Tú enjugas mis lágrimas y las cambias otra vez con alegría y un gozo puro y dulce.

El gozo del Señor es nuestra fortaleza.
Nehemías 8:10

TE CANTARÉ ALABANZAS

Cantaré tus alabanzas todos los días de mi vida,
Aunque mi ritmo quizá sea lento,
Con un débil tono alzaré mi canción,
Tu Espíritu conozco ahora.

Señor, cuando las sombras de la vida
crucen mi cielo,
Y el sol ya no esté a la vista,
Seguiré cantando con voz temblorosa,
Mis alabanzas a ti.

Que siga cantando todos los días de mi vida,
Aunque mi voz sea aguda y fina,
Estimularé mis gozosas aguas internas
De tu Espíritu que está dentro de mí.

Que los demás oigan mi cantar, Señor.
Que tu gloria resuene claramente.
Y que ellos digan: «Yo también cantaré,
Durante todos los años de mi vida».

Canten al SEÑOR un cántico nuevo,
   alábenlo en la comunidad de los fieles.
Que se alegre Israel por su creador;
   que se regocijen los hijos de Sión por su rey.
Que alaben su nombre con danzas;
   que le canten salmos al son de la lira y el pandero.
Porque el SEÑOR se complace en su pueblo;
   a los humildes concede el honor de la victoria.
Que se alegren los fieles por su triunfo;
   que aun en sus camas griten de júbilo.

Salmo 149:1-5

PALABRAS SALVADORAS DE JESÚS

Jesús, las palabras que pronunciaste en la cruz no tienen
precio. Gracias por mantener esas palabras como ciertas
a lo largo de la historia, incluso hasta hoy en día.

Cuando llegaron al lugar llamado la Calavera, lo
crucificaron allí, junto con los criminales, uno a su
derecha y otro a su izquierda.
—Padre —dijo Jesús—, perdónalos, porque no
saben lo que hacen.

Lucas 23:33:34

Gracias por el perdón.

Luego dijo:

—Jesús, acuérdate de mí cuando vengas en tu reino.

—Te aseguro que hoy estarás conmigo en el paraíso —le contestó Jesús.

Lucas 23:42-42

Gracias por el paraíso.

Junto a la cruz de Jesús estaban su madre, la hermana de su madre, María la esposa de Cleofas, y María Magdalena. Cuando Jesús vio a su madre, y a su lado al discípulo a quien él amaba, dijo a su madre:

—Mujer, ahí tienes a tu hijo.

Luego dijo al discípulo:

—Ahí tienes a tu madre.

Juan 19:25-27

Gracias por el cuidado.

Desde el mediodía y hasta la media tarde toda la tierra quedó en oscuridad. Como a las tres de la tarde, Jesús gritó con fuerza:

—*Elí, Elí, ¿lama sabactani?* (que significa: "Dios mío, Dios mío, ¿por qué me has desamparado?").

Mateo 27:45-46

Gracias por cargar nuestros pecados.

Después de esto, como Jesús sabía que ya todo había terminado, y para que se cumpliera la Escritura, dijo:

—Tengo sed.

Juan 19:28

Gracias por el agua de vida.

Al probar Jesús el vinagre, dijo:
—Todo se ha cumplido.
Luego inclinó la cabeza y entregó el espíritu.

Juan 19:30

Gracias por cumplir la promesa
de Dios para salvarnos.

Entonces Jesús exclamó con fuerza:
—¡Padre, en tus manos encomiendo mi espíritu!

Lucas 23:46

Gracias por la victoria.

EL SALVADOR

Contemplen al Salvador de la humanidad
Clavado al vergonzoso madero;
Qué inmenso el amor que derramó
Para sangrar y morir por mí.

¡Escucha! ¡Cómo gime, mientras
la naturaleza tiembla,
Y se doblan los pilares de la tierra!
El velo del templo se rompe en dos,
El sólido mármol se quiebra.

¡Consumado es! Ahora el precio está pagado,
«¡Recibe mi alma!», grita Él;
¡Mira, cómo inclina su sagrada cabeza!
¡Inclina su cabeza y muere!

Pero pronto romperá las cadenas
de hierro de la muerte,
Y brillará con toda su gloria,
¡Oh, Cordero de Dios!
¿Alguna vez hubo dolor?
¿Alguna vez hubo amor como el tuyo?

Samuel Wesley, padre

Mi amparo y mi fortaleza

Cuando los problemas me rodean, Señor, confío en ti. Gracias por tu ayuda siempre que acudo a ti con mis necesidades. Me escondo bajo tu manto de seguridad. Cobro aliento en tu fortaleza. Sin importar cuál sea mi situación, tú estás ahí guiándome, ayudándome.

Cuando todo parece imposible, tú eres mi poderoso libertador. Aunque no soy digna, tú haces cosas maravillosas en mi vida.

Gracias por tus promesas de suplir todas mis necesidades. Cuánto te agradezco que guardes tu palabra. Tú, Señor, eres omnisciente y no cambias. Los cielos y la tierra pasarán. La hierba y las flores se marchitarán. Tu Palabra, querido Señor, permanecerá para siempre.

Gracias por estar conmigo. A veces me siento débil. Sin embargo, cuando estoy en mi peor momento, es como si tu fuerza surgiera mejor que nunca. Cuando estoy en tu voluntad, puedo hacer todo lo que me pidas, en tu nombre, Jesucristo. Gracias por darme la fortaleza que tan a menudo necesito con urgencia. Esto se debe a que tu gran poder obra dentro de mí.

Sola, no puedo hacer nada. Cuando te obedezco y te sirvo, otros pueden ver tus maravillosas obras dentro de mí. Y tú, mi Señor, eres el gozo de mi salvación, mi amparo y mi fortaleza. Alabado seas, oh Dios.

DIOS ES MI FIRME SALVACIÓN

Dios es mi firme salvación;
¿De quién temeré?
En tinieblas y tentación
Mi luz y mi ayuda están cerca.
Aunque mis enemigos acampen junto a mí,
Permaneceré firme en la lucha;
¿Qué terror podrá confundirme,
Si Dios está a mi diestra?

Pongo en el Señor mi confianza,
Mi alma, espera con valor;
Su verdad es esa confianza,
Cuando desmayo y tengo dolor.
Su poder fortalece mi corazón,
Su amor aumenta mi gozo;
Su misericordia alargará mis días;
El Señor me dará su paz.

James Montgomery

Dios es nuestro amparo y nuestra fortaleza,
nuestra ayuda segura en momentos de angustia.
Por eso, no temeremos.

Salmo 46:1-2

Te alabo, oh Señor. Te alabo con toda mi alma. Tú eres el Señor de mi vida. Cantaré alabanzas a tu santo nombre con todo mi corazón.

Mi esperanza está en ti, mi Dios, mi ayuda y mi fortaleza. Tú creaste los cielos y la tierra, el mar y todo lo que existe. Cuán grande es la manera en que la tierra gira y se inclina a tus órdenes. ¡Me maravillo de cómo llevas la cuenta de las estrellas e incluso sabes sus nombres! Qué maravillosa es la forma en que cubres la tierra con la blanca nieve y salpicas hielo como relucientes cenizas. La tierra descansa. Cuando los vientos helados soplan, tú vuelves a hablar. A tu voz, las brisas templadas hacen que la nieve se derrita dando paso al agua. Tú cubres el cielo con tus nubes. Dejas que tus bendiciones caigan en gotas de lluvia. Cambias la hierba marrón por un verde esmeralda. Sus raíces se fortalecen. El ganado se alimenta y se fortalece. Cuán grande y poderoso eres. Tu entendimiento no se puede medir.

Mi esperanza no está en la fuerza de las cosas terrenales que fallan. En su lugar, mi deleite, toda mi confianza y amor, están en ti. No pondré mi confianza en la gente importante, ni en ningún mortal. Ellos no pueden darme la vida eterna. Solo tú puedes, Señor. Cuando mi vida en la tierra se acabe, ya mis planes no tendrán importancia, pero la preciosa vida contigo permanecerá.

Cuando me siento oprimida, tú me sostienes. Cuando tengo necesidad, tú me provees. Cuando me siento atrapada en situaciones difíciles, tú me liberas. Cuando me siento sola, tú eres mi amigo.

Qué maravilloso es cantarte mis alabanzas. Parece muy natural. Mi corazón rebosa de amor por ti. ¿Cómo podría pasar por alto tus majestuosos caminos? Si todo el mundo callara, incluso las piedras te alabarían. Permíteme alabarte siempre, mi Señor. Mientras tenga vida, alabaré tu nombre.

ME CENTRO EN TI, QUERIDO SEÑOR

Tú eres mi esperanza, el Señor de mi vida. Espero en ti y actúo con cautela en mis decisiones. No me avergüenzo de confiar en tu dirección, Señor. En cambio, estoy agradecida por el ánimo y la seguridad que me das. Al confiar en ti, me lleno de tu paz. Durante el día, mis pensamientos a menudo se vuelven a ti por dirección y fortaleza. En quietud y confianza encuentro la fuerza que solo tú me das.

Tú, querido Padre, eres mi Roca y mi Defensor; no temeré. Sé en quién he creído y estoy segura de que me mantendrás cerca de ti cada día.

Me centro en ti, sin dudar de tu inagotable amor por mí. Gracias.

En el nombre de Jesús, amén.

ALABADO SEA EL SEÑOR

¡Cuán bueno es cantar salmos a nuestro Dios,
  cuán agradable y justo es alabarlo!

Él determina el número de las estrellas
  y a todas ellas les pone nombre.
Excelso es nuestro Señor, y grande su poder;
  su entendimiento es infinito.

Él cubre de nubes el cielo,
  envía la lluvia sobre la tierra
  y hace crecer la hierba en los montes.
Él alimenta a los ganados
  y a las crías de los cuervos cuando graznan.

El SEÑOR [...] se complace en los que le temen.
  ¡Que todo lo que respira alabe al SEÑOR!
  ¡Aleluya! ¡Alabado sea el SEÑOR!

Salmo 147:1, 4-5; 147:8-9-11; 150:6

Jehová, tú eres mi Dios;
te exaltaré, alabaré tu nombre,
porque has hecho maravillas;
tus consejos antiguos son verdad y firmeza.

Tú guardarás en completa paz
a aquel cuyo pensamiento en ti persevera;
porque en ti ha confiado.
Confiad en Jehová perpetuamente,
porque en Jehová el Señor
está la fortaleza de los siglos.

Isaías 25:1; 26:3-4, RV-60

TE MIRO

Te miro Jesús.
Tus promesas son ciertas.
Te amo, Señor Jesús.
Tú siempre me miras.

Camino contigo, Jesús.
Tú me hablas con bondad.
Te serviré, Señor Jesús,
Hasta que vea tu rostro.

Aunque nunca te he visto

Te amo, Señor. Aun cuando nunca te haya visto, sigo creyendo en ti. Te amo porque sé que tú me amaste primero. Día a día siento tu amor. En ti vivo y me muevo y tengo mi ser.

No necesito verte para creer en ti. Tu Espíritu Santo es evidencia suficiente. Tú me salvaste y sin cesar me guías y suples mis necesidades. ¡Qué rica me siento! Tú eres mi única y verdadera esperanza en esta vida. Cuánto gozo tengo al creer en ti.

Sin duda alguna, confiaré siempre en ti.

Una semana más tarde estaban los discípulos de nuevo en la casa, y Tomás estaba con ellos. Aunque las puertas estaban cerradas, Jesús entró y, poniéndose en medio de ellos, los saludó.

—¡La paz sea con ustedes!

Luego le dijo a Tomás:

—Pon tu dedo aquí y mira mis manos. Acerca tu mano y métela en mi costado. Y no seas incrédulo, sino hombre de fe.

—¡Señor mío y Dios mío! —exclamó Tomás.

—Porque me has visto, has creído —le dijo Jesús—; dichosos los que no han visto y sin embargo creen.

Juan 20:26-29

TU PERDURABLE AMOR

Gracias, oh Señor, por tu bondad y tu perdurable amor. Tú eres Señor de todo. Grandes son las maravillas que realizas. Todo lo que haces está envuelto en tu amor.

Cuando formaste la tierra y separaste las aguas, lo creaste todo en amor. Cuando hiciste el sol para que brillara de día y la luna y las estrellas para la noche, tenías un plan. Separaste la oscuridad de la luz, el verano del invierno y la primavera del otoño. En tu sabiduría, lo creaste todo. En cada cosa mostraste tu magnífico amor.

Cuando todo va bien en mi vida, tu firme amor está conmigo. Cuando mi vida llega a su punto más bajo, aun así permanece tu amor por mí. Cuando mis enemigos me amenazan, tú me rodeas con tu protección. Tú me provees de alimento y vestido. Qué agradecida estoy. Te alabaré todos los días de mi vida por tu eterno y perdurable amor.

Den gracias al SEÑOR, porque él es bueno;
su gran amor perdura para siempre.
Den gracias al Dios de dioses;
su gran amor perdura para siempre.
Den gracias al SEÑOR omnipotente;
su gran amor perdura para siempre.
Al único que hace grandes maravillas;
su gran amor perdura para siempre.
Al que con inteligencia hizo los cielos;
su gran amor perdura para siempre.
Al que expandió la tierra sobre las aguas;
su gran amor perdura para siempre.
Al que hizo las grandes luminarias;
su gran amor perdura para siempre.
El sol, para iluminar el día;
su gran amor perdura para siempre.
La luna y las estrellas, para iluminar la noche;
su gran amor perdura para siempre

Salmo 136:1-9

LA TIERRA ES TUYA

Padre, todo lo que hay en esta tierra es tuyo. El mundo entero te pertenece. Gracias por la manera en que creaste y controlas todo. Disfruto cada cosa, todo lo que tengo es tuyo.

Qué triste es ver cómo algunos adoran a las montañas, a la luna y las estrellas, y todo lo que crece. Todo provino de ti. Qué presuntuoso es que el hombre no te reconozca como el dador generoso.

Te alabo, Señor, por la belleza que me prestaste en esta tierra. Aunque solo estaré aquí por poco tiempo, te pido sabiduría para que pueda cuidar con responsabilidad de esta tierra.

Gracias por toda su belleza. Te alabo por ser Señor de todo.

Del SEÑOR es la tierra y todo cuanto hay en ella,
    el mundo y cuantos lo habitan;
porque él la afirmó sobre los mares,
    la estableció sobre los ríos.
¿Quién puede subir al monte del SEÑOR?
    ¿Quién puede estar en su lugar santo?
Solo el de manos limpias y corazón puro,
    el que no adora ídolos vanos
    ni jura por dioses falsos.
Quien es así recibe bendiciones del SEÑOR;
    Dios su Salvador le hará justicia.
Tal es la generación de los que a ti acuden,
    de los que buscan tu rostro,
    oh Dios de Jacob. *Selah.*

Salmo 24:1-6

La respuesta amable calma el enojo,
    pero la agresiva echa leña al fuego.
La lengua de los sabios destila conocimiento;
    la boca de los necios escupe necedades.
Los ojos del SEÑOR están en todo lugar,
    vigilando a los buenos y a los malos.
La lengua que brinda consuelo es árbol de vida;
    la lengua insidiosa deprime el espíritu.
El corazón alegre se refleja en el rostro,
    el corazón dolido deprime el espíritu.

Proverbios 15:1-4, 13

TU AMOR SATISFACE

Cuán bondadoso y tierno eres, oh Dios. Tú dejaste tu reino celestial y viniste a la tierra por nosotros. Cuando viste mis pecados, mostraste tu misericordia y tu gracia muriendo por mí. Gracias por tu amor. Gracias por vivir en mi corazón y dirigirme cada día.

Por tu bondad hacia mí, te entrego de todo corazón el primer lugar en él. Tú me aceptaste tal y como era. Ahora estoy aprendiendo a amar y aceptar a los demás tal y como son. Permite que ellos puedan sentir tu amor a través de mí. Por tu gracia para perdonar, estoy aprendiendo a perdonar. Permite que ellos busquen el perdón que viene de ti. Debido a que confío en ti, estoy aprendiendo a preocuparme por otros y a brindar confianza. Permite que ellos, a cambio, aprendan a confiar y a depender de ti.

Cuán satisfactorio es tu amor. Te alabo por ello. Tu Espíritu llena mi ser. Tu inagotable amor rebosa como un pozo artesano. Es por eso que puedo pasarlo. De este modo, Padre, permite que cumpla con tu amor y tu comisión de difundir el evangelio. Amén.

Te bendeciré, Señor

No importa donde esté, Señor, elevo mi corazón a ti en alabanza. Nada ni nadie pueden interferir nuestra comunión. Gracias por darme el privilegio de hablar contigo a cualquier hora. Es bueno saber que siempre estás aquí para mí. No me haces esperar. No escucho un contestador automático. Tampoco te pones de mal humor, ni eres reacio a escuchar. Permite que a cambio siempre esté aquí para ti.

Te bendeciré, Señor. Con toda mi mente, mi corazón y mis manos te ofreceré alabanza. Qué agradecida estoy por tu Espíritu Santo y por cómo me ministras. Eres muy querido, muy bondadoso, muy amoroso. ¿Cómo podré merecer alguna vez tu amor?

Cuando acuda a ti, que no haya nada en medio de esta relación tan especial que disfrutamos. Si hay alguna malicia entre otras personas y yo, lo pongo en tu altar y los perdono de forma incondicional. Tan pronto como me sea posible, iré e intentaré corregir los malos sentimientos. Si hay cualquier pecado en mí, me arrepiento y te pido perdón. Pongo mi fe en ti. Mi corazón abre sus puertas de par en par. Con una mente hambrienta y una voluntad entregada, espero recibir tus órdenes. Anhelo servirte de palabra y de hecho.

Me postro ante ti, te ofrezco mi alabanza, mi adoración y mi amor. Tú eres un bálsamo que alivia mi alma. Me das paz, gozo, cautela, dirección y disciplina. Me das fuerza y valentía todos los días.

En el auto, en el autobús, en el ascensor, en mi trabajo, en una reunión, en la cocina, incluso en un partido de béisbol, mantendré mi corazón sintonizado y te bendeciré. En todo lo que haga y diga, te daré alabanza y gloria.

Bendice, alma mía, al SEÑOR, y bendiga todo mi ser su santo nombre.

Bendice, alma mía, al SEÑOR, y no olvides ninguno de sus beneficios.

El es el que perdona todas tus iniquidades, el que sana todas tus enfermedades;

el que rescata de la fosa tu vida, el que te corona de bondad y compasión;

el que colma de bienes tus años, para que tu juventud se renueve como el águila.

Bendecid al SEÑOR, vosotros sus ángeles, poderosos en fortaleza, que ejecutáis su mandato, obedeciendo la voz de su palabra.

Bendecid al SEÑOR, vosotros todos sus ejércitos, que le servís haciendo su voluntad.

Bendecid al SEÑOR, vosotras todas sus obras, en todos los lugares de su dominio.

Bendice, alma mía, al SEÑOR.

Salmo 103:1-5, 20-22, LBLA

A TRAVÉS DE LOS CAMBIOS DE LA VIDA

Gracias, Padre, por estar siempre conmigo, no solo ahora sino por la eternidad. Tú estabas aquí antes que se formaran la tierra y las galaxias. Me maravillo que no tengas principio ni fin.

La vida cambia con los años, pero tú no. Tú eres el mismo ayer, hoy y durante todos los mañanas que vendrán. Aun cuando nunca cambias, tú ves cada etapa de mi vida. Gracias, Señor, por tomar tiempo para saber cada detalle sobre mí y por cuidar de mis insignificantes (pero importantes para mí) necesidades.

Todo lo bueno y perfecto desciende de ti, Señor y Creador. Qué grandes son tu plenitud y tus maravillas. Tú brillas en mi vida día y noche sin ningún indicio de desaparecer. Gracias por guardar las promesas que me diste en tu Palabra. Tú nunca me abandonas, tú nunca fallas. Tú eres verdad y vida.

Cuando paso por los cambios de la vida, a veces veo que me estoy desviando. Con todo, tú me rescatas de situaciones destructivas. Gracias por estar aquí. A veces no sé por qué las cosas ocurren de la manera que lo hacen. Sin embargo, tú sí lo sabes y todavía permaneces ahí. Gracias por ser paciente conmigo. Gracias porque tu compasión y amor nunca fallan.

Estoy creciendo en mi andar contigo. Gracias a todo lo que me enseñas, estoy aprendiendo a entregar mis gozos, mis preocupaciones, mis desilusiones, mis metas y mis sueños. Todos están en tus seguras manos. Señor, ahora tú eres lo primero en todo lo que hago y planeo hacer.

Qué consuelo saber que vivirás por siempre jamás, y que yo siempre estaré contigo. Tú has prometido ser siempre mi Dios y yo ser siempre tu hija. Durante toda la eternidad, me aferraré a ti, la Roca de mi salvación. Nunca temeré porque tú estarás conmigo. Tú eres el primero, el último, mi Dios y mi amigo más querido.

Mas yo en ti confío, oh Jehová;
Digo: Tú eres mi Dios.
En tu mano están mis tiempos.

Salmo 31:14-15, RV-60

Toma, oh Dios, mi voluntad,
Y hazla tuya nada más;
Toma, sí, mi corazón,
Y tu trono en él tendrás.

Y mi amor a ti lo doy,
Mi tesoro y lo que soy.
Todo tuyo quiero ser,
Solo en ti permanecer.[14]

En ti creo

Padre, al volver la vista atrás a mi vida y veo las cosas que tú has hecho por mí, estoy profundamente agradecida. Gracias por los queridos cristianos que guiaste a orar por mí en tiempos de necesidad. Tu amor y sus oraciones me han fortalecido.

Debido a todo lo que has hecho, no temo al futuro. Me has dado un espíritu de poder, amor y dominio propio. No temo hablarles a otros de ti porque te amo y quiero que todos conozcan tu amor. Gracias por la manera en que me salvaste y por tu poder que me ayuda a vivir una vida santa.

En todas las incertidumbres que me rodean, confío en ti, creo en ti, y sé que tú guardas todo lo que hago.

De este evangelio he sido yo designado
heraldo, apóstol y maestro.
Por ese motivo padezco estos sufrimientos.
Pero no me avergüenzo,
porque sé en quién he creído,
y estoy seguro de que tiene poder
para guardar hasta aquel día
lo que le he confiado.

2 Timoteo 1:11-12

YO SÉ A QUIÉN HE CREÍDO[15]

No sé por qué la gracia del Señor
Me hizo conocer;
Ni sé por qué su salvación me dio
Y salvo soy por él.

No sé por qué la gracia del Señor
En mí por fe se demostró;
Ni sé por qué si solo creo en Él,
La paz encontraré.

No sé por qué el Espíritu de Dios
Convence de pecar;
Ni sé por qué revela al pecador,
Cuán negra es la maldad.

No sé la hora en que el Señor vendrá;
De día o en oscuridad;
¿Será en el valle o en el mar,
Que mi Jesús vendrá?

Mas yo sé a quién he creído,
Y es poderoso para guardarme
Y en ese día glorioso
Iré a morar con Él.

DANIEL WEBSTER WHITTLE

Mi alma tiene sed de ti

Reseca y calurosa, acudo a ti.
   Escapando del pecado y la lucha.
Meto mi copa en tu manantial,
   Que me da una nueva vida.

Lágrimas de arrepentimiento cubren mi cara,
   Levanto mi alabanza a ti.
Gracias por tu fuente de vida,
   Por la fortaleza que vuelvo a ganar.

Respondió Jesús y le dijo:
Cualquiera que bebiere
de esta agua, volverá a tener sed;
mas el que bebiere del agua
que yo le daré, no tendrá sed jamás;
sino que el agua que yo le daré será
en él una fuente de agua
que salte para vida eterna.

Juan 4:13-14, RV-60

La armadura de Dios

Por último, fortalézcanse con el gran poder del Señor. Pónganse toda la armadura de Dios para que puedan hacer frente a las artimañas del diablo. Porque nuestra lucha no es contra seres humanos, sino contra poderes, contra autoridades, contra potestades que dominan este mundo de tinieblas, contra fuerzas espirituales malignas en las regiones celestiales. Por lo tanto, pónganse toda la armadura de Dios, para que cuando llegue el día malo puedan resistir hasta el fin con firmeza.

Efesios 6:10-13

Gracias por darme tu armadura. Cuando lucho las batallas de la vida, confío en que tú peleas por mí.

Ceñidos con la verdad

A veces mi carga cotidiana es demasiado pesada. Cíñeme con tu verdad. Enséñame cuáles son las palabras apropiadas. Ayúdame a entender tus mandamientos. Lléname con tu amorosa bondad, sobre todo cuando no me traten bien. Gracias por estar cerca. Tu verdad y tu misericordia aún perduran. Tu palabra es justa y verdad. Grande es tu fidelidad. Permite que tu amor y verdad me protejan.

He guardado tu palabra en mi corazón para que me impida pecar y para que te sea fiel.

La coraza de justicia

Cuando me digan y me hagan cosas desagradables en mi cara y a mis espaldas, te alabaré por tu coraza de justicia. Quizá algunas cosas que la gente dice sean mentiras. Cuando estoy tentada a amargarme, guardar rencor y querer responder, te doy gracias por ayudarme. Tú eres mi defensor. En ti confío. Tú me proteges una y otra vez contra los dardos de fuego del maligno.

Sé que tu justicia es eterna y tus leyes son verdaderas. Cómo me deleito en tus mandamientos. Tú lo sabes bien, mi Señor. Seguiré tus estatutos, pues son justos. Tú me das entendimiento y ves más allá de mis capacidades. Gracias por la manera en que me enseñas justicia y compasión. Te alabo por la forma en que me recuerdas que esté cerca de lo que es bueno y no de lo que yo quiero hacer. No quiero que te avergüences jamás de mí. Me refugio en ti, mi Redentor.

Gracias por preservarme en tu justicia. Gracias por oír mis oraciones y salvarme cuando los tiempos son difíciles. Te honrare y te temeré incluso cuando me duela. Por serte obediente, sé que enderezarás mi camino delante de mí, a fin de que haga lo que es justo y apropiado.

Calzados con el evangelio de la paz

Señor Jesús, permite que mis pies estén prestos y sean hermosos para ti. Pon en ellos tu calzado del evangelio de la paz.

Prepárame con tu Palabra y tu Espíritu Santo para que pueda seguir tu voluntad todos los días.

Mientras estoy hombro con hombro con quienes me rodean sintiendo amargura y enojo, levántame para que no me arrastren las actitudes negativas. Permite que el pecado no me atrape en sus crueles trampas. Te pido que me protejas.

No caeré en ninguna de las trampas de las discordias y las protestas. En su lugar, te alabaré por ayudarme a seguir tus enseñanzas, para así poder tener paz y gozo en mi corazón.

Cuando los problemas me rodeen, no temeré. Aunque todo parezca ir en mi contra, estaré confiada en tu manera de resolver los problemas. Gracias por cada vez que te acercas y me ayudas.

Gracias por hacer mis pies como de cierva. Tú me capacitas para estar en las alturas o en los valles. Ensanchas los senderos bajo mis pies y ayudas a que mis tobillos sean fuertes y no se doblen.

Al final de cada batalla, mi alma descansa en ti, oh Dios, porque has sido bueno conmigo. Gracias por tu calzado: el evangelio de la paz.

El escudo de la fe

Enfrentaré cada problema de frente, confiando en que tú, Señor, irás delante de mí. Cuando los problemas parezcan desafiantes, sé que nada podrá atravesar tu escudo mientras mi corazón esté donde tú quieras que esté.

Tú eres mi refugio y mi escudo. Tu fuerza y protección me cubren como plumas. Te alabo Señor, por tu fidelidad. Tú eres mi escudo y mi refugio, mi fortaleza y mi baluarte.

Cada vez que enfrento las pruebas, espero con esperanza y confianza en ti. Mi corazón se regocija en tu amorosa presencia. Confío en tu santo nombre. Tú me rodeas con tu gloria.

Tú me ayudas a mantener mi cabeza erguida en toda circunstancia. Cuando te soy fiel, no tengo por qué ser avergonzada. Mi voz clama por ti y tú me rodeas con tu favor como un escudo. Gracias por luchar mi causa y por tu justicia que brilla a través de los errores.

Guardaré mi pacto de obedecerte cada día a pesar de las circunstancias. Solo entonces podrás encontrar favor en mí y ser mi escudo. Te alabo, oh Dios, por tu escudo de la fe.

Tú, Señor, eres mi fuerza y mi salvación, mi fuerte libertador. Tú proteges mi cabeza cuando llegan las batallas. Te pido que guardes puros mis pensamientos. No me dejes tener ni siquiera un pensamiento de maldad. Cuando el necio hable contando historias sucias, ayúdame a alejarme para que no se planten las semillas en mi mente. Aportaré buenos comentarios. Mi menté permanecerá en ti. Le hablaré a otros de mi gozo y amor por ti y proclamaré la victoria sobre el pecado. Alzaré tu nombre en alabanza.

Señor, gracias por concederme mis peticiones de salvar del pecado a los que te maldicen. Ayúdales a apartarse de sus malos caminos, para que vean lo mucho que les amas. Tú me ungiste para servirte. Gracias por contestar mis oraciones cuando acudo a ti con un corazón puro.

Habrá momentos en que tendré tanto estrés que me sentiré como si estuviera perdiendo la razón. Ayúdame en esos momentos, querido Padre. Tú eres todo comprensión, todo compasión y conocedor de todo. Confío mi bienestar mental. Cuando soy débil, ¡tú eres fuerte! Sé que no me dejarás. Durante este tiempo, guarda mis pensamientos y ayúdame. Dame la fuerza para apartar el dolor y los malos pensamientos, para dejar que se vayan. Ayúdame a centrar mi mente en lo verdadero y noble, lo justo y puro, lo amoroso y admirable, lo excelente y digno de alabanza. Gracias por tu casco de la salvación.

Cuando vengan las tentaciones, querido Padre, y sucedan cosas terribles, ayúdame a recordar qué hacer. No solamente te alabaré por la victoria que vendrá, sino que sintonizaré todo mi ser para obedecer tu voluntad. No siempre puedo cruzarme de brazos y no hacer nada, así que te pido dirección.

Me comprometeré a defender lo bueno. Aunque la maldad me acose, no me apartarán de mi lugar junto a ti. Echaré mano al elemento más poderoso de la armadura que me has dado: la espada de la verdad.

Recuérdame que no corra delante de ti, sino a que espere las instrucciones en tu Palabra. Cuando tiemblo de miedo, me vuelvo y veo que estás a mi lado. Pronuncio tu nombre y siento tu presencia protectora.

Cuánto me maravillo y te alabo cuando te veo contender con el enemigo que intenta dañarme a mí o a mis seres queridos. Tú tomas el escudo y, en un abrir y cerrar de ojos, acudes en mi ayuda. Esgrimes la lanza, la jabalina, tu espada contra los que me persiguen. Tú eres mi Dios y mi salvación. Con tu poder, los que hacen mal son atrapados en tus cepos y caen en los pozos que ellos mismos cavaron para destruir a otros.

Las batallas de la vida no solían ser tan intensas. Los tiempos están empeorando. Es como si las fuerzas del bien y del mal estuvieran en guerra a nuestro alrededor. Incluso quienes no profesan ser cristianos se preguntan si estaremos en los últimos días. Satanás es una bestia furiosa con dientes afilados y dispuesto a devorarlo todo a su paso. Sus palabras son agudas y cortantes, listas para atraparme si no estoy alerta a tu dirección.

Yo espero. Escudriño tu Palabra en busca de dirección y fortaleza. A tu señal, me das las armas. Yo afirmo las preciosas Escrituras en tu Palabra con intrépida autoridad. La simple mención de tu nombre en alabanza hace que el diablo se amedrente y huya. El Señor me redime, a su humilde sierva.

Con tu justa y poderosa Palabra, la batalla está ganada de nuevo. Tu Palabra es como una espada de dos filos en mis manos. La llevaré en mi corazón a cualquier parte que vaya y te daré toda la gloria.

Gracias, Padre, por tu espada del Espíritu: tu santa Biblia.

¿CÓMO PODRÉ PAGARTE?

Señor, tú has hecho mucho por mí. ¿Cómo podré alguna vez pagarte? Quiero decirle a todo el mundo lo tierno y amable que eres. Cuando estaba enterrada en las arenas movedizas del pecado, me rescataste y pusiste mis pies en tierra firme, en un sólido fundamento. Ese Fundamento eres tú, Señor Jesús, la sólida Roca.

Tú moriste por mí y me compraste por precio. Después de eso, me enviaste un Consolador para que me asegurase tu constante presencia: tu Espíritu Santo.

Eres muy misericordioso al darme la vida eterna. No merezco tu amor. Me siento humillada hasta el polvo cuando pienso en tu compasión.

¿Cómo te pagaré todo lo que has hecho? Lo único que puedo ofrecerte es mi alabanza y mi adoración. Lo mejor que puedo darte es un corazón contrito de agradecimiento.

«Fue mi mano la que hizo todas estas cosas;
fue así como llegaron a existir
—afirma el SEÑOR—.

»Yo estimo a los pobres
y contritos de espíritu,
a los que tiemblan ante mi palabra».

Isaías 66:2

DAME TU CORAZÓN

«Dame tu corazón», dice el Padre en lo alto,
No hay regalo tan precioso para él como nues-
tro amor;
Con suavidad Él susurra, dondequiera que estés:
«Con gratitud confía en mí y dame tu corazón».

«Dame tu corazón», dice el Salvador de los hombres,
Llamando misericordioso una y otra vez;
«Apártate del pecado y apártate del mal,
¿Acaso no he muerto por ti? Dame tu corazón».

«Dame tu corazón», dice el Espíritu divino,
«Todo lo que tienes, a mi cuidado entrega;
Gracia más abundante yo me encargo de impartir,
Ríndete por completo y dame tu corazón».

Eliza Edmunds Hewitt

UNA VEZ MÁS

Padre, mi tiempo es corto aquí en la tierra. Todavía hay mucho que hacer. Mi cuerpo se debilita, aunque mi impulso por servirte y ayudar a otros es más intenso. Por favor, déjame trabajar para ti una vez más a fin de que el mundo sea un poco mejor.

Gracias por dejarme ser una de tus siervas.

He peleado la buena batalla,
he terminado la carrera,
me he mantenido en la fe.
Por lo demás me espera la corona
de justicia que el Señor,
el juez justo, me otorgará
en aquel día; y no sólo a mí,
sino también a todos los que con amor
hayan esperado su venida.

2 Timoteo 4:7-8

Oración vespertina
como dulce incienso

Llega la noche. El descanso al fin. Rememoro el día y te doy gracias por tu ayuda y tu dirección. Ahora, en mi altar al lado de la cama elevo mi alabanza a ti por tu amorosa bondad. Cada noche espero encontrarme contigo aquí. Como una niña pequeña que llega a casa de la escuela, me acurruco entre tus brazos y medito en los hechos del día.

Gracias por solucionar algunos problemas mientras te escuchaba. Gracias por las amables advertencias a fin de que no errara. Espero haberte agradado con mis actos. Perdóname por las veces que he resbalado.

Te ofrezco mi alabanza como un dulce incienso. Que esta esencia, mezclada con mi alabanza, suba hasta tu altar celestial. Señor Jesús, te pido que me presentes ante tu Padre para que pueda expresarle mi amor.

Ahora descanso, envuelta en tu cuidado, y miro hacia un nuevo día contigo.

A ti clamo, SEÑOR; ven pronto a mí.
¡Atiende a mi voz cuando a ti clamo!
Que suba a tu presencia mi plegaria
como una ofrenda de incienso;
que hacia ti se eleven mis manos
como un sacrificio vespertino.

Salmo 141:1-2

TE ALABO EN TODAS LAS COSAS

Tus decisiones para mi vida son acertadas, oh Señor, pues tú eres mi Padre. Tú cuidas de mí. Tú eres el Alfarero. Moldéame como tú quieras. Enséñame tus lecciones, para que sea digna de ser llamada tu hija. Ayúdame a ser barro flexible para que tú me des la forma que quieras. No le temo a tu plan, Señor. En su lugar, pongo toda mi confianza en ti.

Quizá no entienda por qué las cosas ocurren como suceden. Es posible que hasta llore en tiempos de dificultad, cuando no vea el porqué de todas las cosas. Sin embargo, permitiré que tú me purifiques a tu amorosa manera.

Hazme como la plata y el oro a medida que me refinas y quitas las impurezas. A veces resultará difícil, pero debo confiar en ti y obedecerte porque tú sabes lo que es mejor para mí.

Cuando vengan las pruebas, ayúdame a acercarme a ti. Yo sé, Señor Jesús, que tú también las sufriste. En cada lucha, pelearé para permanecerte fiel. Después, como tú has prometido, hablaré de nuevo del maravilloso gozo que tienes reservado para mí.

Te alabo en toda situación, Señor, para que se haga la voluntad de Dios a través de mí.

Estén siempre alegres,
oren sin cesar,
den gracias a Dios en toda situación,
porque esta es su voluntad
para ustedes en Cristo Jesús.

1 Tesalonicenses 5:16-18

Al acostarte, no tendrás temor alguno;
   te acostarás y dormirás tranquilo.
No temerás ningún desastre repentino,
   ni la desgracia que sobreviene a los impíos.
Porque el SEÑOR estará siempre a tu lado
   y te librará de caer en la trampa.

Proverbios 3:24-26

Alégrense siempre en el Señor. Insisto: ¡Alégrense! Que su amabilidad sea evidente a todos. El Señor está cerca. No se inquieten por nada; más bien, en toda ocasión, con oración y ruego, presenten sus peticiones a Dios y denle gracias. Y la paz de Dios, que sobrepasa todo entendimiento, cuidará sus corazones y sus pensamientos en Cristo Jesús.

Filipenses 4:4-7

PARTE 14:
EN SU NOMBRE

TE ALABAMOS, OH DIOS, NUESTRO REDENTOR

Te alabamos, oh Dios, nuestro Redentor Creador,
Con agradecida devoción te traemos nuestro tributo.
Lo ponemos ante ti, nos postramos y te adoramos,
Bendecimos tu santo nombre, alegres alabanzas
te traemos.

Te adoramos, Dios de nuestros padres,
    te bendecimos;
A través de problemas y tempestades
    nuestra guía has sido tú,
Cuando los peligros nos inundan,
    tú nos preparas salida,
Y con tu ayuda, oh Señor,
    nuestras batallas ganamos.

Con voces unidas ofrecemos nuestras alabanzas,
A ti, gran Jehová, grandes himnos elevamos.
Tu brazo fuerte nos guiará, nuestro Dios
    está con nosotros;
A ti, nuestro gran Redentor, por siempre
    seas alabado.
Amén.

Julia Buckley Cady Cory

Un salmo de David

¡Oh Jehová, Señor nuestro,
   Cuán glorioso es tu nombre en toda la tierra!
   Has puesto tu gloria sobre los cielos;
Cuando veo tus cielos, obra de tus dedos,
   La luna y las estrellas que tú formaste,
Digo: ¿Qué es el hombre, para que tengas
   de él memoria,
   Y el hijo del hombre, para que lo visites?
Le has hecho poco menor que los ángeles,
   Y lo coronaste de gloria y de honra.
Le hiciste señorear sobre las obras de tus manos;
   Todo lo pusiste debajo de sus pies:
¡Oh Jehová, Señor nuestro,
   Cuán grande es tu nombre en toda la tierra!

Salmo 8:1, 3-6, 9, RV-60

Admirable

Admirable eres tú que me hiciste.
Admirable eres tú que me conoces.
Admirable eres tú que me llamaste.
Admirable eres tú que me perdonaste.
Admirable eres tú que me salvaste.
Admirable eres tú que me guías.
Admirable es tu nombre.

Porque un niño nos es nacido,
hijo nos es dado,
y el principado sobre su hombro;
y se llamará su nombre Admirable,
Consejero, Dios fuerte, padre eterno,
Príncipe de paz.

Isaías 9:6, RV-60

Porque el SEÑOR da la sabiduría;
conocimiento y ciencia brotan de sus labios.
Él reserva su ayuda para la gente íntegra
y protege a los de conducta intachable.
Él cuida el sendero de los justos
y protege el camino de sus fieles.

Entonces comprenderás la justicia y el derecho,
la equidad y todo buen camino;
la sabiduría vendrá a tu corazón,
y el conocimiento te endulzará la vida.

Proverbios 2:6-10

CONSEJERO

Tú eres mi Consejero, Padre. Tú eres el único a quien puedo volverme por dirección. Confío por completo en ti y en tu poderosa sabiduría. Sin ti mi propio razonamiento es finito e inseguro. Cuando necesito conocer tu voluntad, puedo pedírtelo y tú encuentras la manera de guiarme. Abro mi corazón. Leo tu Palabra y oro. Tú estás ahí para darme una abundante provisión de sabiduría.

Tú, mi Consejero, eres más sabio que todos y más fuerte que cualquier ser viviente. Cuán vanas y vergonzosas son las ideas de este mundo a la luz de tu divina grandeza. Solo tú eres sabiduría y gloria. Nunca podré alardear de mis logros. Mi verdadero éxito es a través de ti.

Tú dirección se despliega ante mí. Tú trazas el curso con mucha sencillez. Sin embargo, debo ser obediente y estar en sintonía contigo a fin de entenderla. Leo tu Palabra y guardo sus lecciones en mi corazón para recordar los buenos caminos. Una y otra vez repito las Escrituras en mis pensamientos.

Todo el que te conoce pronuncia con reverencia tu nombre. Se maravillan en tu gloriosa previsión y consejo. Solo tú das vida abundante y acertadas decisiones. Por todo esto, ¡experimento un gozo indescriptible!

Tú, Padre, eres Luz. En ti no hay tinieblas. Hace mucho dijiste: «Sea la luz».

Estoy comenzando a entender que la luz viene del puro resplandor de tu gloriosa presencia. Una vez viví en la oscuridad y el pecado, pero ahora te sigo a ti, mi Guía, mi Consejero. Permíteme continuar en tus caminos para que siempre logre experimentar el gozo y la comunión con otros creyentes y contigo, mi Dios.

Gracias por darme vida eterna a través de tu Hijo, Jesucristo. Cuando me equivoque, cuídame, pódame como una vid, para que pueda crecer más fuerte y ser más útil para tu servicio.

Te alabo, mi Señor y Consejero, y levanto tu nombre en alto para siempre.

DIOS FUERTE

Tú eres grande, oh Dios Fuerte, no hay nadie como tú. Te alabo con todo mi corazón y mi alma. Todo lo que tú eres y creas muestra esplendor y majestad. Tú despliegas los cielos en la mañana como un manto santo. Tú los pliegas de nuevo a través del universo cada noche para exponer el vasto cielo estrellado. Las aguas reflejan tus gloriosos rayos.

Me tumbo sobre la hierba y miro las nubes mientras juegan a agarrarse como enormes animales animados. El viento sopla como si tu poderosa respiración empujara cada nube con enormes ráfagas. Los truenos y relámpagos muestran un extraordinario despliegue similar a una recia carrera de carros.

Tú, Dios Fuerte, creaste las montañas en toda su grandeza, una vez cubiertas por las aguas. A tu voz las aguas se fueron y formaron ríos en los valles. Los géiser se dispararon, las montañas temblaron, el lodo y la lava llenaron los que una vez fueron ríos limpios. Algunos ríos incluso se secaron. Todo esto es temible. El mismo equilibrio de la naturaleza es amedrentador, pero tú tienes el control. A través de todo esto, la tierra se depuraba de la enfermedad. Las montañas han expulsado cenizas que alimentan nuestros suelos. Salen nuevos brotes de hierba. Los animales y la gente vuelven, y la vida comienza de nuevo.

De la misma manera, tú sacudiste mi vida y me limpiaste de impurezas. Poco a poco tú creaste un nuevo progreso en mí que es fresco y agradable a ti.

¿Cómo saben los pájaros dónde hacer sus nidos tan perfectos? ¿Cómo saben hacia dónde emigrar? Tú lo planeaste para ellos, Dios Fuerte. ¡Qué increíble! ¡Qué maravilloso! Tú provees riachuelos y charcas en los pastos para los animales. El ganado sale de día y las bestias salvajes de noche para beber.

Tú nos das granos, verduras y frutas que se siembran y se vuelven a sembrar ellas mismas. Incluso planeaste las estaciones para que todo descansara en el invierno. En primavera, la naturaleza se despierta y comienza una nueva vida.

Qué importantes son tus obras, oh Señor. En tu sabiduría, creaste cada una de ellas. Cantaré alabanzas a tu nombre. Meditaré en tus buenas obras y me regocijaré en tu gran amor.

Gózate, alma mía. Qué todo lo que hay en mí alabe al Dios Todopoderoso.

Grande es el Señor
y digno de alabanza.

Salmo 96:4

HOY CANTO EL GRAN PODER DE DIOS[16]

Hoy canto el gran poder de Dios;
Los montes Él creó;
Habló a los mares con fuerte voz;
Los cielos extendió.
Su mente sabia cantaré;
Poder al sol le dio.
Las luces de la noche, sé:
Que Él las decretó.

De Dios hoy canto la bondad
Que bienes proveyó,
Para uso de la infinidad
De todo lo que creó.
Sus maravillas por doquier
¡Cuán numerosas son!
Mis ojos bien las pueden ver
En toda su creación.

Oh Dios, tu gloria, flores mil
Demuestran por doquier;
Los vientos y el turbión hostil
Declaran tu poder.
En la natura, buen Señor,
La vida a todos das;
Doquier que miro alrededor
Allí presente estás.

Isaac Watts

Una voz proclama

«Preparen en el desierto
un camino para el SEÑOR;
enderecen en la estepa
un sendero para nuestro Dios.
Que se levanten todos los valles,
y se allanen todos los montes y colinas;
que el terreno escabroso se nivele
y se alisen las quebradas.
Entonces se revelará la gloria del SEÑOR,
y la verá toda la humanidad.
El SEÑOR mismo lo ha dicho».

Isaías 40:3-5

PADRE ETERNO

Qué Padre más amoroso eres, mi Dios. Como no podíamos comprender tu amor, nos mostraste qué clase de Padre eres enviándonos a tu Hijo.

Me postro ante ti en reverencia y temor. La única manera en que me puedo acercar a tu trono es por medio de tu Hijo, Jesucristo. Él ha limpiado mis pecados derramando su preciosa sangre. Así, tú puedes mirarme a mí, tu hija indigna.

Gracias por amarme. De ti vino mi ser. En ti está el curso de mi vida. Tú conoces mis necesidades, mis capacidades, mis anhelos. Tú escuchas mis alegrías, tristezas, frustraciones y sueños. Tú eres mi Padre Eterno. Gracias por estar siempre presente conmigo. Cuando clamo tu nombre, te alabo porque ya estás ahí.

—YO SOY EL QUE SOY —respondió Dios a Moisés—. Y esto es lo que tienes que decirles a los israelitas: "YO SOY me ha enviado a ustedes".

Además, Dios le dijo a Moisés:

—Diles esto a los israelitas: "El SEÑOR Y Dios de sus antepasados, el Dios de Abraham, de Isaac y de Jacob, me ha enviado a ustedes. Este es mi nombre eterno; este es mi nombre por todas las generaciones".

Éxodo 3:14-15

Príncipe de Paz

Te alabo por la paz, Señor. No la paz incierta que ofrece el mundo, sino por la paz de corazón y mente que solo viene por conocerte a ti, el Príncipe de paz.

Que el rico te exalte y te ponga en primer lugar. Que el necesitado te levante en alabanza. Que todos experimenten la verdadera paz y la plenitud de vida contigo como Salvador y Señor.

Gracias por tu tierno cuidado. Tu compasión nunca falla. Durante los tiempos felices, que se reconozcan tu presencia guiadora y tu paz. En los momentos tristes de carencias, enfermedades o muerte, que tu consuelo y tu paz se sigan derramando.

Aunque estamos en este mundo, gracias por tu poder para vencer los abrumadores problemas de la vida. Qué precioso regalo, tu amor y tu paz. No es algo frágil, ni delicado, ni temporal, como el mundo da, sino profundo, satisfactorio y confiable porque proviene de ti, Dios Todopoderoso. Tú eres el Príncipe de paz. La grandeza de su fuente es más de lo que nuestras mentes finitas logran comprender.

En toda circunstancia, no seré conmovida ni temeré. Creo en el Padre y creo en ti, mi Príncipe de paz. Te alabo Señor, con todo mi corazón, mente y alma. No importa lo que suceda, acepto tu paz y pondré en ti mi confianza.

La paz os dejo, mi paz os doy; yo no os la doy como el mundo la da. No se turbe vuestro corazón, ni tenga miedo.

Juan 14:27, RV-60

Porque así dice el SEÑOR omnipotente, el Santo de Israel:

«En el arrepentimiento y la calma está su salvación,
en la serenidad y la confianza está su fuerza,
¡pero ustedes no lo quieren reconocer!»

Isaías 30:15

EMANUEL, DIOS CON NOSOTROS

Emanuel, te alabo por prometerme que nunca me dejarás ni me abandonarás. Tú eres mi Padre, mi Ayudador, mi Guía. No temeré porque sé que estás conmigo. Gracias por protegerme dondequiera que esté, día y noche.

Me llenas de fuerza y valor. Cuando lleguen los problemas, puede que muchos huyan, pero estarás conmigo: mi Amigo más querido, mi Salvador.

Te alabo por estar siempre conmigo, incluso al final de mi vida terrenal. Tú, Señor, eres el único que murió por mis pecados, aunque vives por siempre jamás.

Gracias por estar siempre conmigo y permitirme estar contigo. Gracias por tu maravillosa paz que sobrepasa todo entendimiento.

Jesús se acercó entonces a ellos y les dijo:

—Se me ha dado toda autoridad en el cielo y en la tierra. Por tanto, vayan y hagan discípulos de todas las naciones, bautizándolos en el nombre del Padre y del Hijo y del Espíritu Santo, enseñándoles a obedecer todo lo que les he mandado a ustedes. Y les aseguro que estaré con ustedes siempre, hasta el fin del mundo.

Mateo 28:18-20

JEHOVÁ

Jehová, te doy honor y gloria. Confío a ti mi vida. Siempre puedo depender de ti. Gracias por tu inagotable amor. Tú eres seguro y digno de toda confianza. En cada situación tus promesas son ciertas. Tú eres verdad y justicia. En ti no hay ninguna falta.

Qué virtuosos son tus caminos. Tus leyes e instrucciones son rectas y perfectas. En ti descanso y pongo toda mi confianza. Tú eres mi Rey, valiente y seguro. Tu fidelidad y amor son inmutables.

Gracias por tu cuidado. Te alabo, Jehová, Altísimo, mi Dios, mi Salvador.

Y conozcan que tu nombre es Jehová;
Tú solo Altísimo sobre toda la tierra

Salmo 83:18

PEREGRINOS EN DESIERTO[17]

Peregrinos en desierto,
Guíanos Señor Jehová;
Somos débiles: tu diestra
Fuerte nos apoyará.

Pan del cielo, Pan del cielo
A tu errante pueblo da,
A tu errante pueblo da,
A tu errante pueblo da.

William Williams

CREADOR

Te alabo, oh Dios, mi Creador, la fuente de toda mi existencia. Tú estabas aquí en el principio. Estabas presente cuando no había nada, ninguna figura, solo oscuridad. A tu poderosa orden hubo luz. Debió de ser una escena increíble ver los rayos de luz apareciendo a través de la oscuridad, dividiendo la nada en sumisión al tiempo. Gracias por la manera en que pusiste luz en mi vida, eliminando la oscuridad y el pecado.

Tú creaste las aguas y la tierra, el sol, la luna y las estrellas. Hiciste las criaturas de todo tipo. Sabiduría y equilibrio salen de la punta de tus dedos. Después creaste al hombre y la mujer. Parte de tu creación te da gozo. Otros te causan dolor. Cuánto oro para poder reflejarte y darte gozo, alegría y orgullo por tenerme como tu hija.

Tu Palabra dice que cuando terminaste tu creación, la miraste y dijiste que era buena. Permite que siempre te haga sentir complacido por haberme creado, Señor. Que pase yo mi vida dándote honor y gloria.

Alabado seas, oh Dios, mi Creador.

En el principio creó Dios los cielos y la tierra. Y la tierra estaba desordenada y vacía, y las tinieblas estaban sobre la faz del abismo, y el Espíritu de Dios se movía sobre la faz de las aguas. Y dijo Dios: Sea la luz; y fue la luz.

Dijo también Dios: Júntense las aguas que están debajo de los cielos en un lugar, y descúbrase lo seco. Y fue así.

Después dijo Dios: Produzca la tierra hierba verde, hierba que dé semilla; árbol de fruto que dé fruto según su género, que su semilla esté en él, sobre la tierra. Y fue así.

E hizo Dios las dos grandes lumbreras; la lumbrera mayor para que señorease en el día, y la lumbrera menor para que señorease en la noche; hizo también las estrellas.

Y creó Dios los grandes monstruos marinos, y todo ser viviente que se mueve [...] Y vio Dios que era bueno.

Entonces dijo Dios: Hagamos al hombre a nuestra imagen, conforme a nuestra semejanza [...] Y creó Dios al hombre a su imagen, a imagen de Dios lo creó; varón y hembra los creó.

Y vio Dios todo lo que había hecho, y he aquí que era bueno en gran manera. Y fue la tarde y la mañana el día sexto.

Génesis 1:1-3, 9, 11, 16, 21, 26-27, 31, RV-60

Maestro

Tú, Señor, eres
   mi Maestro
   mi Comandante
   mi Gobernador y Guía
   mi Profesor
   el Cabeza de nuestro hogar.

Enséñame, Maestro,
   a seguirte
   a servirte
   a trabajar
   a resistir
   a confiar.

Me postro ante ti,
Maestro, en obediencia y alabanza.
Que viva para que un día puedas decirme:
«¡Bien hecho, buen siervo y fiel!».

Ninguno puede servir a dos señores;
porque o aborrecerá al uno y amará al otro,
o estimará al uno
y menospreciará al otro.
No podéis servir a Dios y a las riquezas.

El discípulo no es más que su maestro,
ni el siervo más que su señor.

Entonces vino uno y le dijo:
Maestro bueno,
¿qué bien haré para tener la vida eterna?
Él le dijo: ¿Por qué me llamas bueno?
Ninguno hay bueno sino uno:
Dios. Mas si quieres entrar en la vida,
guarda los mandamientos.

Amarás al Señor tu Dios
con todo tu corazón,
y con toda tu alma,
y con toda tu mente [...]
Amarás a tu prójimo como a ti mismo.

Mateo 6:24; 10:24; 19:16-17; 22:37, 39, RV-60

Y él estaba en la popa, durmiendo
sobre un cabezal;
y le despertaron, y le dijeron:
Maestro, ¿no tienes cuidado que perecemos?
Y levantándose, reprendió al viento,
y dijo al mar: Calla, enmudece.
Y cesó el viento, y se hizo grande bonanza.
Y les dijo: ¿Por qué estáis así amedrentados?
¿Cómo no tenéis fe?

Marcos 4:38-40, RV-60

SALVADOR

Señor, tú eres mi Salvador, mi Rescatador, mi Libertador. Las palabras parecen inadecuadas para alabarte por la manera en que me salvaste de mis pecados.

¿Cómo fue posible que nacieras como un hombre y todavía fueras el Hijo de Dios? Tú eres mayor que los ángeles. Extiendes el amor de tu Padre a la tierra y glorificas su nombre. Cuánto amor mostraste cuando dejaste tu gloria en el cielo el tiempo suficiente para hacerte un pobre niño, crecer, amar, servir y, al final, entregar tu vida. Mientras viviste en la tierra, ni siquiera tuviste una almohada donde recostar tu cabeza.

Todo lo que hiciste por nosotros hizo posible que yo tenga una vida abundante y llena de gozo por medio de ti. Gracias por ser mi Salvador y por permitirme ser tu sierva.

El cual, siendo en forma de Dios,
no estimó el ser igual a Dios
como cosa a que aferrarse,
sino que se despojó a sí mismo,
tomando forma de siervo,
hecho semejante a los hombres;
y estando en la condición de hombre,
se humilló a sí mismo, haciéndose obediente
hasta la muerte, y muerte de cruz.
Por lo cual Dios también le exaltó
hasta lo sumo, y le dio un nombre
que es sobre todo nombre,
para que en el nombre de Jesús
se doble toda rodilla
de los que están en los cielos,
y en la tierra, y debajo de la tierra;
y toda lengua confiese
que Jesucristo es el Señor,
para gloria de Dios Padre.

Filipenses 2:6-11, RV-60

Levántate alma mía, levántate, sacude tus temores de culpa,
El sacrificio de la sangre, de mi lado está.
Ante el trono se afianza mi seguridad,
Mi nombre está escrito en sus manos.

Siempre vive en el cielo para interceder por mí,
Su amor redentor, su preciosa sangre, para rogar,
Su sangre expió a todo el género humano
Y rocía ahora el trono de gracia.

Cinco heridas sangrando tiene Él, recibidas
en el Calvario,
Derraman eficaces oraciones y piden
con fuerza por mí.
«Perdón para él», claman ellas,
«No permitas que el pecador redimido muera».

El Padre oye orar, a su querido Ungido,
Él no puede rechazar la presencia de su Hijo.
Su Espíritu responde a la sangre,
Y me dice: He nacido de Dios.

Charles Wesley

REDENTOR

Alabado seas, mi Redentor. Cuán poderoso eres, el Salvador de todo el que te entrega su corazón. Solo tú eres capaz de guardarme de caer en pecado y error. Cada vez que me enfrento al engullidor poder de la tentación, me rescatas con tu fuerza victoriosa. Siempre peleas por mí las batallas de la vida entre el bien y el mal. Cuán agradecida estoy de no tener que lucharlas sola. Solo te obedezco mientras vas delante de mí.

No temo al juicio, porque tú estás allí, intercediendo ya con amor por mí. Todo lo que tuve que hacer fue abrir la puerta de mi corazón y dejarte entrar. Cuando me arrepentí de mis pecados, tú los echaste tan lejos como está el este del oeste, para que se olvidaran y nunca regresaran.

Nada me podrá apartar de ti, mi Señor y Redentor. Ni la vida, ni la muerte. Ni los ángeles, ni los poderes del infierno. Ningún temor de hoy ni el futuro me pueden separar de ti. No importa dónde tendría que ir: en las profundidades de los océanos ni por encima de las estrellas, tú estás conmigo y yo contigo.

Gracias por redimirme y darme de nuevo la vida.

Pero su redentor es fuerte,
su nombre es el SEÑOR Todopoderoso.
Con vigor defenderá su causa.

Jeremías 50:34

CORDERO DE DIOS

Si pudiera mirar a los cielos y tener un pequeño vislumbre de ti en tu trono, imagino que contemplaría a un Rey, sentado al lado de su santo Padre. Me encantaría ver tus ojos. Creo que estarían llenos de autoridad pero a la vez tendrían tierno amor y serían comprensivos. Solo pensar en ello le da fuerza a mi ser y le aporta entusiasmo a todo lo que hago. Que todo lo que diga y haga te honre a ti.

En toda tu pureza, te contemplo, Señor, Te alabo por sacrificarte por mí. Tu sangre derramada. No hace falta que se derrame ninguna otra sangre para redimirme. La única ofrenda que puedo darte, mi Salvador, es mi vida, llena de alabanza y honor. Tú diste tu vida por mí, ahora yo vivo la mía para ti.

Tú nunca te quejaste, oh Cordero de Dios, cuando te maltrataron, golpearon, escupieron. Estoy inundada de amor al pensar cómo fuiste voluntariamente a la cruz como un cordero para ser sacrificado. No hiciste ningún intento por defenderte.

¿Cómo fue posible que pagaras el precio y me rescataras del mismo diablo? Te alabo, oh Señor, por derramar tu sangre pura y limpiadora por mí.

Todos mis días tengo esta esperanza y ambición: servirte y hablarle a todo el que quiera escuchar del gozo ilimitado que me has dado.

Tú eres digno de alabanza, oh Cordero de Dios. Tú eres digno de recibir gloria, honor, riquezas, fuerza, poder y bendición por siempre.

Solo por gracia

No somos salvos intentándolo,
De nosotros no viene la ayuda;
Está confiando en la sangre,
Que una vez pagó nuestro rescate.

Es mirando a Jesús,
El santo y justo;
Es su gracia la que salva,
¡No es «intentar», sino «confiar»!

Anónimo

Al día siguiente Juan vio a Jesús
que se acercaba a él, y dijo:
«¡Aquí tienen al Cordero de Dios,
que quita el pecado del mundo!
De éste hablaba yo cuando dije:
"Después de mí viene un hombre
que es superior a mí, porque existía
antes que yo". Yo ni siquiera lo conocía,
pero, para que él se revelara
al pueblo de Israel, vine bautizando con agua».

Pero Juan trató de disuadirlo.
—Yo soy el que necesita ser bautizado por ti,
¿y tú vienes a mí? —objetó.
—Dejémoslo así por ahora,
pues nos conviene cumplir con lo que es justo
—le contestó Jesús.
Entonces Juan consintió.
Tan pronto como Jesús fue bautizado,
subió del agua.
En ese momento se abrió el cielo,
y él vio al Espíritu de Dios bajar
como una paloma y posarse sobre él.
Y una voz del cielo decía:
«Éste es mi Hijo amado;
estoy muy complacido con él».

Mateo 3:14-17

Venid, nuestras voces alegres unamos
Al coro celeste del trono en redor:
Sus voces se cuentan por miles y miles,
Mas son una en su gozo y amor.

«Es digno el Cordero que ha muerto», proclaman,
«De verse exaltado en los cielos así».
«Es digno el Cordero», decimos nosotros,
«Pues Él por su muerte nos hace vivir».

Que todos los seres que hicieron tus manos,
Que pueblan la tierra, y el aire y el mar,
Unidos proclamen tus glorias eternas,
Y dente alabanzas, Señor, sin cesar.

Isaac Watts[18]

LA BRILLANTE ESTRELLA DE LA MAÑANA

En este mundo malvado, me dirijo a ti, mi brillante Estrella de la mañana. No temeré a las pecaminosas tinieblas que me acechan porque tú, Señor, estás ahí iluminando mi camino.

Una vez te fuiste en las nubes de gloria. Ahora anhelo tu regreso, en toda tu gloria y esplendor.

«Yo, Jesús, he enviado a mi ángel para darles a ustedes testimonio de estas cosas que conciernen a las iglesias. Yo soy la raíz y la descendencia de David, la brillante estrella de la mañana».

Apocalipsis 22:16

Consolador

Gracias, Padre, por tu Espíritu Santo, tu Consolador. Qué paz me da saber que estás conmigo a lo largo de todo el día. El mundo no puede ver tu consuelo a menos que decida aceptar a Jesucristo como su Salvador. De lo contrario, nunca podrán reconocer tu gracia y poder sustentador.

Tengo muchas preguntas que hacerte sobre cosas que no entiendo. Me doy cuenta de que algunas respuestas no las tendré hasta que te vea cara a cara. Aquí es donde aprendo a confiar en ti y a depender de tu Palabra. Guíame a la verdad y el conocimiento, a fin de hacer buenas decisiones. Permíteme aprender de tus historias de antaño para que pueda crecer en ti.

Me pregunto cómo sería esa noche, hace tanto tiempo, en la que tus discípulos se escondieron tras las puertas con cerrojo por temor, sin saber qué harían después. ¿Habría sentido yo tanto temor? Creo que sí.

Pasadas las puertas cerradas, llegaste y estuviste allí en medio de ellos. «¡La paz sea con ustedes!», les aseguraste.

Yo me hubiera sentido entusiasmada y amedrentada al mismo tiempo si hubiera visto tus manos, tus pies y tu costado.

«¡La paz sea con ustedes!», dijiste de nuevo. «Como el Padre me envió a mí, así yo los envío a ustedes». ¡Soplaste en ellos, y recibieron tu Consolador, tu Espíritu Santo!

Ahora te pido que soples en mí. Lléname con tu Espíritu santo. Concédeme tu Consolador. Dame tu poder de manera que pueda hablar del evangelio de mi vida a todo el que me rodea.

Gracias, Señor, por tu Consolador.

Si me amáis, guardad mis mandamientos.
Y yo rogaré al Padre,
y os dará otro Consolador,
para que esté con vosotros para siempre:
el Espíritu de verdad,
al cual el mundo no puede recibir,
porque no le ve,
ni le conoce; pero vosotros le conocéis,
porque mora con vosotros, y estará en vosotros.
No os dejaré huérfanos; vendré a vosotros.
Mas el Consolador, el Espíritu Santo,
a quien el Padre enviará en mi nombre,
él os enseñará todas las cosas,
y os recordará todo
lo que yo os he dicho.

Juan 14:15-18, 26

LUZ DEL MUNDO

Un mundo perdido en tinieblas
Sin ver ninguna luz;
Un rayo viene de Jesús
Para salvar a uno como yo.

Un fulgor como luz del mediodía,
Brilló desde lo alto;
La luz de Dios iluminó mi sendero,
Con el amor puro de Jesús.

¿Vives en las sombras,
Desanimado y perdido?
Ve la luz del Salvador.
El precio Él lo pagó.

Una vez más Jesús se dirigió a la gente, y les dijo:
—Yo soy la luz del mundo.
El que me sigue no andará en tinieblas,
sino que tendrá la luz de la vida.

Juan 8:12

EL CAMINO, LA VERDAD Y LA VIDA

A veces, Padre, mis caminos no han sido tus caminos. Después de apartarme de tu camino, he tropezado y caído, dándome cuenta pronto del desastre en el que me había metido. Luego, con tu ayuda, luché para mover mis pies y volver al buen camino. Después tú me diste dirección y sano juicio. Gracias por ser mi Camino.

Me diste tu Palabra. En ella me muestras la verdad y mediante tu verdad soy libre. Día a día estudio tus Escrituras. Tu palabra me ayuda a diferenciar lo bueno de lo malo. Por medio de tu Espíritu Santo, me aconseja para hacer sabias decisiones. Me advierte contra las trampas pecaminosas. Gracias por ser mi Verdad.

Debido a tu camino seguro y verdad que me guía, me conduces hacia una vida de gozo y abundancia. Cuando las circunstancias son difíciles e inciertas, aun en ese momento guardo un profundo gozo interno, lleno de una victoria que solo tú puedes proveer. No solo experimento una vida victoriosa aquí en la tierra, sino que miro hacia delante a la vida eterna contigo en el cielo. Gracias, Señor, por mi vida.

Jesús le dijo:
Yo soy el camino, y la verdad, y la vida;
nadie viene al Padre, sino por mí.

Juan 14:6

A CUALQUIER PARTE CON JESÚS

A cualquier parte con mi Salvador iré,
Si tú me diriges con claridad,
Contaré la historia de la salvación
A todos los perdidos aquí y allá.

A cualquier parte, mi Salvador,
A cualquier parte contigo iré,
A cualquier parte y a todos,
A donde me guíes tú.

John R. Clements

Encamíname en tu verdad, y enséñame,
Porque tú eres el Dios de mi salvación;
En ti he esperado todo el día.

Salmo 25:5

Guía

Sé tú mi guía,
Por el peligroso sendero de la vida.
Sé tú mi roca,
En ella permaneceré.

Sé tú mi poder;
Dame de nuevo fuerzas.
Sé tú mi mapa;
Y guíame con bondad.

Sé tú mi canción,
Así que no temeré.
Sé tú mi sostén;
Cerca y segura guárdame.

Sé tú mi gracia;
Con firmeza toma mi mano.
Sé tú mi guía,
Hasta la tierra prometida.

El Alfarero

Señor, no importa lo que venga a mi camino. Lo que en realidad me importa es estar dentro de tu voluntad. Ayúdame a ser dócil y maleable a fin de que me puedas moldear de la manera en que tú sabes que debería ser.

La rueda del alfarero gira y gira. Con suavidad, sus dedos dan forma al suave barro hasta convertirlo en la creación deseada del maestro. Para el alfarero, hay un propósito en cada vuelta.

A veces, mi vida parece estar dando vueltas. Detenme, Señor. Tú eres el Alfarero de mi vida. Déjame observarte cómo moldeas de modo que sea el producto de tu perfecto plan.

¿No tiene derecho el alfarero
de hacer del mismo barro
unas vasijas para usos especiales
y otras para fines ordinarios?

Romanos 9:21

HAZ LO QUE QUIERAS[19]

Haz lo que quieras
De mí, Señor;
Tú el Alfarero,
Yo el barro soy.

Dócil y humilde
Anhelo ser;
Cúmplase siempre
En mí tu querer.

Adelaide Addison Pollard

REY DE REYES

Tú eres mi Rey de reyes, querido Señor. Tu reino nunca terminará. Tú reinarás por siempre jamás.

Gracias por incluirme en tu reino. Cuán maravilloso regalo le has dado a todos los que creen en ti. Que puedas mostrar el camino a todas las naciones. Los reinos y los gobiernos de la tierra caerán, pero tu reino, Señor, siempre permanecerá.

Quiero glorificarte, Señor. En todos mis caminos reflejaré tu amor. El diablo podrá rugir como un león. La enfermedad me podrá destruir. La muerte podrá llevarse mi cuerpo. Sin embargo, ninguna de estas cosas ganará, pues soy tuya. Tu reino es eterno y vive dentro de mi corazón.

Que te alaben, SEÑOR, todas tus obras;
   que te bendigan tus fieles.
Que hablen de la gloria de tu reino;
   que proclamen tus proezas,
para que todo el mundo conozca tus proezas
   y la gloria y esplendor de tu reino.
Tu reino es un reino eterno;
   tu dominio permanece por todas las edades.

Salmo 145:10-13

NOTAS

1. «Jubilosos, te adoramos», *Himnos de la Iglesia*, #2, traducción © 1959 Word Music. © 1995, Publicadores Lámpara y Luz, Farmington, NM.

2. «Años mi alma en vanidad vivió», *Himnario de Alabanza Evangélica*, #176, letra de William Reed Newell, 1895, traducción George P. Simmonds. © Copyright 1978, Editorial Mundo Hispano, El Paso, TX.

3. «Omnipotente Padre Dios», *Himnario de Alabanza Evangélica*, #149, letra de Frederick William Faber, 1849. Es traducción. © Copyright 1978, Editorial Mundo Hispano, El Paso, TX.

4. «Día feliz», *Himnario de Alabanza Evangélica*, #442, letra de Phillip Doddridge, traducción de T.M. Westrup. © Copyright 1978, Editorial Mundo Hispano, El Paso, TX.

5. «Debo ser fiel» (las dos primeras estrofas), *El Nuevo Himnario Popular*, #362, letra de Howard Al Walter, traducción de J.T. Ramírez. © Copyright 1955, Casa Bautista de Publicaciones, El Paso, TX.

6. «Cuando sea tentado», *El Nuevo Himnario Popular*, #204, letra de James Montgomery, traducción de Vicente Mendoza. © Copyright 1955, Casa Bautista de Publicaciones, El Paso, TX.

7. «¡Cómo en su sangre pudo haber!», *Cantos de Alabanza y Adoración*, himnario bilingüe, #70, letra de Charles Wesley, traducción de M. San León. © Copyright 1997, Editorial Mundo Hispano, El Paso, TX.

8. «¡Cuán dulce el nombre de Jesús!», *El Nuevo Himnario Popular*, #217, letra de John Newton, traducción de Juan Bautista Cabrera. © Copyright 1955, Casa Bautista de Publicaciones, El Paso, TX.

9. «La Peña fuerte», *El Nuevo Himnario Popular*, #278, letra de Vernon J. Charlesworth, traducción de T.M. Westrup. © Copyright 1955, Casa Bautista de Publicaciones, El Paso, TX.

10. «Maravillosa gracia», *El Nuevo Himnario Popular*, #167, letra y música de Haldor Lillenas, traducción de R.F. Maes. © Copyright 1955, Casa Bautista de Publicaciones, El Paso, TX.

11. «¡Oh amor que excede a todos!», *Himnario de Alabanza Evangélica*, #338, letra de Charles Wesley, traducción de J.R. Balloch. © Copyright 1978, Editorial Mundo Hispano, El Paso, TX.

12. «Es Cristo de su Iglesia», *El Nuevo Himnario Popular*, #306, letra de Samuel J. Stone y música de Samuel Sebastián Wesley, traducción de J. Pablo Simón. © Copyright 1955, Casa Bautista de Publicaciones, El Paso, TX.

13. «Gloria Patri», *El Nuevo Himnario Popular*, #388, tradicional. Es traducción. © Copyright 1955, Casa Bautista de Publicaciones, El Paso, TX.

14. «Que mi vida entera esté», *Himnario de Alabanza Evangélica*, #386, letra de Frances R. Havergal, traducción de Vicente Mendoza. © Copyright 1978, Editorial Mundo Hispano, El Paso, TX.

15. «Yo sé a quién he creído», *Himnario de Alabanza Evangélica*, #325, letra de Daniel Webster Whittle, traducción Salomón Mussiett C. © Copyright 1978, Editorial Mundo Hispano, El Paso, TX.

16. «Hoy canto el gran poder de Dios», *Himnario de Alabanza Evangélica*, #10, letra de Isaac Watts, traducción de George P. Simmonds. © Copyright 1978, Editorial Mundo Hispano, El Paso, TX.

17. «Peregrinos en desierto», *Himnario Adventista*, #386, letra de William Williams, traducción de T.M. Westrup. © Copyright 1962, Pacific Press Publishing Association, Mountain View, CA.

18. «Venid, nuestras voces alegres unamos», *Himnario de Alabanza Evangélica*, #29, letra de Isaac Watts, traducción de José J. de Mora. © Copyright 1978, Editorial Mundo Hispano, El Paso, TX.

19. «Haz lo que quieras», *El Nuevo Himnario Popular*, #90, letra de Adelaide Addison Pollard, traducción de Ernesto Barocio. Es traducción. © Copyright 1955, Casa Bautista de Publicaciones, El Paso, TX.

ACERCA DE LA AUTORA

ANITA CORRINE DONIHUE y su esposo, Bob, han servido a Cristo durante cuatro décadas. Anita fue coautora de dos libros de regalo: *Apples for a teacher* [Manzanas para un maestro], *Joy to the World* [Gozo al mundo] y *A Teacher's Heart* [El corazón de un maestro], junto con la reconocida escritora cristiana Colleen L. Reece, su maestra, tutora y amiga.

La obra de Anita también se ha publicado en *Enfoque a la Familia* y otras revistas.

Es madre de cinco hijos y tiene seis nietos. Su vida de servicio a los demás la lleva de continuo a las Escrituras por dirección. *Cuando me arrodillo en tu presencia* es el resultado de la oración y el estudio intensos.

También de Casa Promesa

Las 100 Principales Mujeres de la Biblia
por Pamela McQuade
978-1-61626-096-5
$4.99 / Rústica / 192 páginas / 5.375" x 8"

Si es cierto que las personas aprenden mejor por el ejemplo, aquí hay docenas de ejemplos de mujeres que cambiaron el mundo, ya fuese para bien o para mal. Estas breves biografías de las 100 principales mujeres de la Biblia, desde Abigaíl hasta Zilpá, están combinadas con pensamientos desafiantes devocionales e inspiradores para llevar.

Disponible donde libros cristianos son vendidos.